Allan R. Brewer-Carías

Profesor Emérito de la Universidad Central de Venezuela
Simón Bolívar Professor, University of Cambridge UK (1985-1986)
Professeur Associé, Université de Paris II (1989-1990)
Adjunct Professor of Law, Columbia Law School (2006-2008)

EL PROCEDIMIENTO ADMINISTRATIVO GLOBAL ANTE LA *INTERPOL*

iJSA Investigaciones Jurídicas S.A.

342.06
B847p   Brewer-Carías, Allan
        El Procedimiento administrativo global para la
        protección de las personas ante la Interpol, fren-
        te a los estados / Allan Brewer-Carías. Edición
        1, San José, Costa Rica, IJSA, enero del 2015.

            204 páginas; 23 x 18 cm.
            ISBN 978-9977-13-609-7

1. Procedimiento administrativo – Personas – Protección – Policía internacional.
2. Derecho administrativo. I. Título.

investigaciones.juridicas.sa

Tel.: 2226-8320 / 2226-6433 Fax: 2226-4118
www.investigacionesjuridicas.com
E- mail: info@investigacionesjuridicas.com
Apdo. 631-2010 Zapote, San José, Costa Rica

Segunda edición 2015, por:
Lightning Source, an INGRAM Content company
para Editorial Jurídica Venezolana International Inc.
Panamá, República de Panamá.
Email: editorialjuridicainternational@gmail.com

ÍNDICE

PRESENTACIÓN A LA SERIE
"Maestros del Derecho"

Hace más de veinte años, recién se implementaba la Ley de la Jurisdicción Constitucional en Costa Rica, se creó Investigaciones Jurídicas S.A., una novel editorial cuyo objetivo esencial era fomentar el debate jurídico al incentivar a juristas costarricenses a escribir ensayos, tratados, libros y compilaciones jurídicas que sirvieran como insumos para la enseñanza del Derecho, pero también como estrategia generadora de doctrina nacional.

En más de dos décadas de trabajo, gracias a la complicidad de nuestros juristas colaboradores, pero especialmente a la acogida sostenida de nuestros lectores, nos hemos planteado dar un salto cualitativo. Con la madurez alcanzada nuestra meta ahora es complementar un nuevo sello por medio de la creación de la colección "Maestros del Derecho", una invitación para aquellos y aquellas juristas de reconocida trayectoria nacional e internacional cuya probada huella creativa doctrinaria debe quedar documentada en publicaciones que hagan perdurar ese conglomerado de pensamiento jurídico que ha ido consolidando reformas legales, jurisprudencia progresiva y seguridad jurídica desde líneas jurisprudenciales que han hecho de Costa Rica un Estado Social de derecho.

Son esas mismas maestras y maestros quienes han creado "escuela" en nuestro país y que han hecho de nuestra literatura jurídica un producto de exportación que se emula en otros países de Centroamérica y más allá. No obstante esa excelencia académica y jurídica, se presentan riesgos en la calidad de la enseñanza del Derecho en nuestros países. La carencia de libros especializados y los altos precios de bibliografía internacional, también representan debilidades en la formación de profesionales en Derecho a corto y mediano plazo.

No somos tan pretenciosos de creer que esta nueva colección resolverá las deficiencias en el sistema del estudio del Derecho, pero sí creemos que podemos ser parte de un encadenamiento de factores que confabulen para mejorar la calidad de la literatura jurídica nacional con un impacto positivo a largo plazo. De ahí, que será la primera colección de producción jurídica superlativa en que sus autores y autoras serán profesores, académicos, litigantes, jueces y juezas que han demostrado no sólo una acumulación de años de experiencia jurídica muy valiosa, sino que además hayan realizado aportes doctrinarios novedosos y cualitativos que, sin importar la edad, los potencia como verdaderos maestros formadores de pensamiento e impulsores de cambio.

En este lanzamiento de nuestra colección estelar, Investigaciones Jurídicas se engalana de presentar la obra del maestro Allan R. Brewer-Carías titulada "PROCEDIMIENTO ADMINISTRATIVO GLOBAL ANTE INTERPOL". Este libro atestigua ese sueño por sumar esfuerzos para subir el piso en la calidad de "formar" escuela jurídica en Costa Rica e invitamos a los lectores y lectoras a ser parte del proyecto que, en realidad, es una propuesta-país que va más allá del mundo jurídico para integrarse con propuestas más holísticas por construir oportunidades de desarrollo humano.

Les invitamos a ser parte de esta iniciativa y agradeceremos siempre el sentido crítico con que el público general reciba esta nueva colección. Prometemos mejorar con su apoyo y realimentación.

Lic. Eugenio Vargas Chavarría
Director

PRÓLOGO

José Antonio Muci Borjas
Profesor de Derecho Administrativo
en la Universidad Católica Andrés Bello
Caracas, Venezuela

§1.   Me resulta difícil expresar aquí la profunda complacencia que me produjo la invitación que me hiciera mi Profesor y amigo, Allan Randolph Brewer-Carías, para que prologase su más reciente obra: *El Procedimiento Administrativo Global ante la Interpol*. El libro, cuya publicación correrá por cuenta de la casa editorial Investigaciones Jurídicas S.A. de Costa Rica, está llamado a ser el primer ejemplar de la novel colección, Maestros del Derecho, de ese sello editorial.

§2.   Brewer-Carías, no albergo duda alguna en propósito, es un Maestro del Derecho. Maestro, decía, por su extraordinario talento y su elevado conocimiento del Derecho Administrativo; por su dedicación a difundir la ciencia, a través de magistrales lecciones en el aula universitaria; por su ejemplo como infatigable investigador y por su apoyo desinteresado a las investigaciones promovidas o adelantadas por otros; y, por su copiosa obra escrita, cuya valía es reconocida tanto en Venezuela como en el extranjero. Por ello, la decisión de iniciar la colección Maestros del Derecho con una obra de Brewer-Carías luce más que acertada.

§3.   De la mano de Brewer-Carías, a quien conozco desde que yo era un niño, me inicié en el estudio del Derecho Administrativo, disciplina normativa a la que he dedicado por entero mi vida académica. Lo hice primero como alumno suyo, en las aulas de la Universidad Central de Venezuela. Luego vino la etapa de pasante. Durante este período de mi vida estudié las sentencias que iban a ser objeto de publicación en la Revista de Derecho Público de la Editorial Jurídica Venezolana, obra ésta, hechura de Brewer-Carías, de incalculable valor para el estudio de nuestro Derecho; busqué material para el libro *Las Constituciones de Venezuela* y participé en la revisión y actualización de las *Instituciones Políticas*, obras de las cuales Brewer -Brewer a secas, porque así le citamos en clases- es autor. El ejemplo de Brewer y el de mi padre, José Muci-Abraham, extraordinarios Profesores universitarios y hombres de excepción, influyó de manera decisiva en mi determinación de impartir clases de Derecho -de Derecho Administrativo- en la Universidad Católica Andrés Bello.

§4.   Pero hay más. A lo largo de los años Brewer me ha dispensado el trato y el afecto que sólo se le suele dispensar a un hijo. Un afecto que este prólogo me brinda la oportunidad de corresponder en pequeña medida.

§5.   Son, pues, múltiples las razones por las cuales me halaga grandemente que Brewer me invitase a prologar esta obra, que gira en torno a una novel disciplina, me refiero al Derecho Administrativo Global, a la cual he dedicado horas de estudio e investigación desde hace ya más o menos una década.

§6.   La obra de Brewer se intitula, ya lo destacamos, *El Procedimiento Administrativo Global ante la Interpol*. En ella Brewer diserta sobre (i) el Derecho Administrativo Global; (ii) la Organización Internacional de Policía Criminal, mejor conocida por su abreviatura, Interpol, entendida aquí, parafraseando a Battini, Profesor de la *Università di Tuscia*, como una *Amministra-*

zione senza Stato;[1] (iii) los principios que informan la actividad administrativa de esa Administración; (iv) los procedimientos que Interpol debe seguir para la inscripción de datos personales en sus registros, con miras a su ulterior difusión para la aprehensión de personas, así como para la revisión de la decisión en virtud de la cual tales datos fueron inscritos en sus registros; y, finalmente, (v) sobre el procedimiento sustanciado por Interpol en un caso particular: *Allan Randolph Brewer-Carías v. Venezuela*.

§7.   Como hemos tenido oportunidad de afirmar en el pasado en más de una oportunidad, vivimos en tiempos de globalización (*mondialisation* para los franceses).[2] Si bien es cierto que por globalización ha de entenderse la tendencia de los mercados y de las empresas a extenderse, alcanzando una dimensión mundial que sobrepasa las fronteras nacionales,[3] no es menos cierto que el vocablo está asociado a la idea de distancias que se acortan, tiempos que se reducen y una siempre creciente interconexión a escala planetaria.[4]

§8.   Por causa de la globalización, vivimos tiempos en los que las fronteras estatales tienden a desvanecerse;[5] tiempos en los que han ido surgiendo normas o reglas (uniformes) que rigen sin

---

1   BATTINI, STEFANO, "Organizzazioni internazionali e sogetti privati: verso un Diritto Amministrativo Globale?", en *Dalla Cittadinanza Amministrativa alla Cittadinanza Globale*, obra dirigida por MANGANARO, F. y ROMANO TASSONE, A., Giuffrè Editore, Milano, 2005, pp. 77 y 78.

2   MUCI BORJAS, JOSÉ ANTONIO, *El Derecho Administrativo Global y los Tratados Bilaterales de Inversión (Bit's)*, Editorial Jurídica Venezolana, Caracas, 2007, pp. 27 y ss.

3   *Diccionario de la Lengua Española*, Real Academia Española.

4   SCHNEIDERMAN, DAVID, *Constitutionalizing Economic Globalization. Investment Rules and Democracy's Promise*, Cambridge University Press, New York, 2008, p. 1.

5   Beck se ha atrevido a afirmar que las fronteras estatales se han transformado en «...categorías zombies» (Beck, citado por SCHNEIDERMAN, DAVID, *op. cit.*, p. 1).

consideración de los confines estatales. Dicho en otras palabras, vivimos tiempos en los que el Poder Público estatal se resiente, decae; tiempos en los que ese Poder sufre una significativa erosión.[6] En palabras de De Pretis, en el ámbito jurídico *globalización* significa *declinación del rol del Estado* tanto en *la producción de normas* jurídicas como en *la aplicación* del *Derecho*.[7]

§9.   Son múltiples los asuntos y los problemas que hoy por hoy no encuentran solución -*i.e.*, que por la naturaleza de las cosas no pueden encontrar solución- dentro de los "reducidos" confines de los Estados. Por citar sólo un puñado de ejemplos, piénsese en (i) la necesidad de brindarle seguridad a los ciudadanos de un país frente a las amenazas que plantea el terrorismo internacional; (ii) la lucha contra el lavado de dinero producto de las actividades ilícitas, como el narcotráfico internacional; o (iii) la protección del ambiente contra los daños producidos por fenómenos de contaminación originados más allá de las fronteras de un Estado, como pueden ser la contaminación de los mares o incluso el efecto invernadero.[8]

§10.   A la luz de tales datos, la existencia de un organismo de cooperación policial internacional como la Interpol luce como una obviedad, particularmente cuando se tiene presente que «las

---

6   Ya en 1986 Giannini observaba (i) que existía un número siempre creciente de autoridades internacionales; (ii) que los Estados, una vez informados de las decisiones adoptadas por aquéllas, se limitaban a ejecutarlas; y, complementariamente, (iii) que los espacios que las Administraciones Internacionales le dejaban a los Estados se reducían constantemente (GIANNINI, MASSIMO SEVERO, *Il Pubblico Potere*, Il Mulino, Bologna, 1986, pp. 12 y 13).

7   DE PRETIS, DARIA, "La tutela giurisdizionale dell'ordinamento europeo", en *Dalla Cittadinanza Amministrativa alla Cittadinanza Globale*, obra dirigida por MANGANARO, F. y ROMANO TASSONE, A., Giuffrè Editore, Milano, 2005, pp. 103.

8   DEL VECCHIO, ANGELA, *Giurisdizione Internazionale e Globalizzazione. I tribunali internazionali tra globalizzazione e frammentazione*, Dott. A Giuffrè Editore, S.p.A., Milano, 2003, p. 2.

fronteras nacionales constituyen una ventaja para los delincuentes del mismo modo que representan un obstáculo para las fuerzas del orden...».[9] En otras palabras, como quiera que los delitos pueden superar o rebasar las fronteras o confines de un Estado -en múltiples oportunidades, de hecho, superan o rebasan tales límites geográficos-, la delincuencia, entendida como un problema multijurisdiccional, necesariamente ha de ser combatida por "autoridades" con competencia plurijurisdiccional (*i.e.*, globales). En efecto, en numerosas oportunidades el crimen es una de esas materias complejas en las que el Estado contemporáneo demuestra ser, producto del fenómeno de la globalización, «...demasiado pequeño para las cosas grandes...».[10]

§11.   Del deber de cooperación entre Estados a los fines de prevenir y combatir delitos y de la asistencia judicial e intercambio de información por intermedio de Interpol, dejan constancia, entre otros instrumentos, la Convención de las Naciones Unidas Contra el Tráfico Ilícito de Estupefacientes y Sustancias Psicotrópicas, el Estatuto de Roma de la Corte Penal Internacional, la Convención de las Naciones Unidas contra la delincuencia Organizada Transnacional, el Convenio Internacional para la Represión de la Financiación del Terrorismo, y la Convención de las Naciones Unidas contra la Corrupción.

§12.   Para atender los problemas mencionados con anterioridad (*supra*, §9. al §11.) han venido siendo dictadas o aprobadas

---

9   NAÍM, MOISÉS, *Ilícito. Cómo traficantes, contrabandistas y piratas están cambiando el mundo*, Random House Mondadori, S.A., Barcelona, 2006, pp. 16 y 24.

10   Según Romano, en la actualidad el Estado es «troppo grande per le cose piccole e troppo piccolo per le cose grandi» (citado por TROPEA, GIUSEPPE, "Considerazioni sulla cittadinanza e amministrazione nello spazio (frammentato) e nel tempo (individuato) della globalizzazione", en *Dalla Cittadinanza Amministrativa alla Cittadinanza Globale*, obra dirigida por MANGANARO, F. y ROMANO TASSONE, A., Giufrè Editore, Milano, 2005, p. 245.

normas y, por consiguiente, ha ido surgiendo un Derecho, que no es de origen nacional; un Derecho que no responde a la tradicional idea de la soberanía estatal. Son estos, por tanto, tiempos en los que *el alcance o radio de acción del Derecho estatal* -esto es, el "espacio" disciplinado por ese Derecho, incluido el Derecho Administrativo, estatal "por definición"- *tiende a redimensionarse.*

§13. En efecto, en el ámbito más circunscrito del Derecho Administrativo, siempre según De Pretis, globalización parece significar *ruptura* definitiva *del nexo que tradicionalmente ha mediado entre Estado y Administración*; entre un Estado en específico y su Administración Pública.[11] Es por ello que se afirma que el Derecho resultante de la globalización es *a-nazionale*,[12] amén de *a-territoriale.*

§14. Por causa de la globalización, las Administraciones estatales, las de los Estados nacionales, se ven sometidas o subordinadas a reglas de Derecho que, en oportunidades, no han sido elaboradas por el Estado del cual las Administraciones nacionales forman parte integrante.[13] Pero más importante aún a los efectos del ensayo de Brewer, por causa de la globalización han surgido y se han ido consolidando *Administraciones que no pertenecen a*

---

11 DE PRETIS, DARIA, *Ibid.*

12 CASSESE, SABINO, "L'ordinamento giuridico globale", publicado en *Dalla Cittadinanza Amministrativa alla Cittadinanza Globale*, obra dirigida por MANGANARO, F. y ROMANO TASSONE, A., Giuffrè Editore, Milano, 2005, p. 8.

13 KRISCH, NIKO y KINGSBURY, BENEDICT, "Introduction: Global Governance and Global Administrative Law in the International Legal Order", en *European Journal of International Law (EJIL)*, Volume 17, N° 1, February 2006, pp. 1 y ss. En sentido coincidente, MUCI BORJAS, JOSÉ ANTONIO, "Detalles de un procedimiento (administrativo) sustanciado por Interpol con base en el Derecho Administrativo Global: El asunto Allan R. Brewer-Carías", en *Temas de Derecho Constitucional y Administrativo, Libro Homenaje a Josefina Calcaño de Temeltas*, Fundación de Estudios de Derecho Administrativo (FUNEDA), Caracas, 2010, pp. 700 y ss.

ningún Estado en particular. No resulta ocioso destacar aquí, *ar-guendi gratia*, que en el emblema de Interpol figura el globo terráqueo, porque las actividades de esta Administración se desarrollan a nivel mundial.

§15. Y si se nos permite una breve digresión, en tiempos recientes la existencia misma del Derecho Administrativo Global ha sido reconocida por el Derecho. Piénsese, *e.g.*, en la Carta Iberoamericana de los Derechos y Deberes del Ciudadano en Relación con la Administración Pública, adoptada por la XXIII Cumbre Iberoamericana de Jefes de Estado y de Gobierno celebrada en Ciudad de Panamá, Panamá, los días 18 y 19 de octubre de 2013,[14] con el objeto de acercar o aproximar -*i.e.*, de uniformar- los sistemas jurídicos nacionales de los distintos países de la región iberoamericana.[15]

§16. Pero retornando a Interpol y a la obra de Brewer, a diferencia de los organismos de policía estatales o nacionales, disciplinados por el Derecho Administrativo "tradicional", nacional o estatal por definición, Interpol es una Administración (Pública)

---

14 El texto completo de la Carta puede ser consultado en *Revista del CLAD Reforma y Democracia*, número 60, octubre 2014, Centro Latinoamericano de Administración para el Desarrollo (CLAD), Caracas, 2014, pp. 193 y ss.; también en el portal del CLAD: www.clad.org.

El Centro Latinoamericano de Administración para el Desarrollo (CLAD) fue creado en 1972 por iniciativa de los gobiernos de México, Perú y Venezuela, y su sede se encuentra en Caracas. Del prenombrado Centro son hoy en día miembros Argentina, Bolivia, Brasil, Chile, Colombia, Costa Rica, Cuba, Ecuador, El Salvador, España, Guatemala, Honduras, México, Nicaragua, Panamá, Paraguay, Perú, Portugal, República Dominicana, Uruguay y Venezuela.

15 Consúltese, *mutatis mutandis*, ALLÍ ARANGUREN, JUAN-CRUZ, *Derecho Administrativo y Globalización*, Civitas Ediciones S.L., Madrid, 2004, p. 364.

De acuerdo al texto de la Carta Iberoamericana, el Capítulo Tercero de dicho instrumento, intitulado "El Derecho Fundamental a la buena Adminis

o-
las modernas tendencias del Derecho Administrativo Global...».

que obra a nivel mundial y que, por ello, se halla sometida al Derecho Administrativo Global.[16]

§17. Estaríamos, y queremos hacer hincapié en la idea, frente a un Derecho, un Derecho Administrativo:

a. Global, primero que nada, porque las normas de ese Derecho Administrativo rigen sin consideración de fronteras; porque los efectos de sus normas, dicho de otra manera, rebasan o desbordan los confines estatales.[17]

b. Global, en segundo término, porque este Derecho Administrativo se ocupa, así lo afirma Battini, del ejercicio del Poder, del Poder con mayúscula, por una serie de organizaciones, de Administraciones (Públicas), que no pertenecen a ningún Estado en particular.

c. Global, en tercer lugar, porque le reconoce a los particulares la condición de sujetos de Derecho en el plano -esto es, en la esfera- internacional.

d. Global, en cuarto lugar, porque sus normas limitan o condicionan la actividad de las Administraciones, pertenezcan éstas o no a un Estado particular; porque sus normas, en otras palabras, regulan o disciplinan las relaciones que surgen entre las Administraciones Públicas y los particulares por causa o a consecuencia del ejercicio del Poder Público; porque sus normas suelen autorizar a los particulares cuyos derechos resultaren afectados por la actuación de las Administraciones nacionales e internacionales, para

---

16 MUCI BORJAS, JOSÉ ANTONIO, *El Derecho Administrativo Global y los Tratados Bilaterales de Inversión (BITs)*, *op. cit.*, pp. 19 y ss.

17 En el Preámbulo del Reglamento sobre Tratamiento de Información para la Cooperación Policial Internacional Interpol se afirma o declara, *e.g.*, que «...el tratamiento de información policial por parte de la Secretaría General dentro de los edificios y locales de la Organización *no está sometido a ninguna ley nacional*».

proponer, ante una autoridad global, solicitudes o recursos que tienen por objeto exigir la "revisión", por motivos de legalidad -sí, de legalidad-, de los actos, adoptados por órganos estatales o internacionales, que les causan gravamen a aquéllos. Es éste, precisamente, el caso de Interpol (*infra*, §22. a §25.).

e. Global, finalmente, porque, parafraseando a Cassese, Profesor de la *Università La Sapienza* (Roma), se trata de un Derecho Administrativo que se halla integrado por normas internacionales, supranacionales y también nacionales, esto es, por normas de diverso origen, de distinta entidad, de diferente naturaleza.

§18.   Así como el Derecho Administrativo europeo, en palabras de Schmidt-Assmann, es «...la respuesta del Derecho al desafío de comprender Europa como *un espacio administrativo unitario*»,[18] pareciera posible afirmar que el Derecho Administrativo Global constituye una respuesta a desafíos de mayor dimensión, porque la disciplina debe hallarse desvinculada de una zona geográfica concreta o específica, habida consideración, parafraseando a Schmidt-Assmann, que en las materias disciplinadas por este Derecho -y la policial es una de ellas- todo *el planeta* debería ser visto y entendido como un *espacio administrativo unitario*.

§19.   A la luz de las consideraciones que anteceden, el surgimiento de ese Derecho Administrativo Global, no podía ser de otro modo, debe ser estudiado desde la perspectiva internacional. El proceso de concesión de poderes -*i.e.*, de poderes públicos- a organizaciones internacionales, esto es, a *Administraciones*

---

18 SCHMIDT-ASSMANN, EBERHARD, *La teoría general del Derecho Administrativo como sistema. Objeto y fundamentos de la construcción sistemática*, Instituto Nacional de Administración Pública (INAP) y Marcial Pons, Ediciones Jurídicas y Sociales, S.A., Madrid-Barcelona, 2003, p. 383.

(Públicas) sin Estado, no puede comprenderse a cabalidad, eso entendemos nosotros, sino tomando en consideración, como observaba Giannini, la creciente erosión del Poder estatal, la siempre mayor sujeción del Estado a normas elaboradas por "otros". Empero, el surgimiento de ese Derecho también debe ser estudiado tomando en consideración el ordenamiento jurídico interno, porque resulta necesario tener presentes las transformaciones que éste ha venido sufriendo o experimentado en virtud de la existencia de ese otro Derecho por vocación -*i.e.*, por definición- Global.

§20. Por la interacción "en curso" entre los distintos ordenamientos, entendemos que sin ese doble enfoque, internacional y nacional, no resulta posible entender a cabalidad los profundos cambios que el Derecho Administrativo experimenta en los tiempos que corren.

§21. Desde la perspectiva que brindan las consideraciones realizadas en los parágrafos que anteceden, el caso *Allan Randolph Brewer-Carías v. Venezuela*, decidido por la Secretaría General de Interpol, es digno de consideración y análisis.

§22. Comencemos por los antecedentes:

a. A raíz de la solicitud girada por las autoridades venezolanas para la detención preventiva del Profesor Brewer, los datos personales de este último quedaron inscritos o almacenados en los ficheros de Interpol. Esa inscripción en registro y su consecuencia natural, que no era otra que la ulterior difusión de una orden de captura internacional, se fundó (i) en el artículo 26 del Estatuto de Interpol, a tenor del cual la Secretaría General actúa como centro técnico y de información, y en la aludida condición ha de encargarse del manejo o tratamiento de la información policial; y (ii) el artículo 3.1 -literales a. y b.- del Reglamento sobre Tratamiento de Información para la Cooperación Policial

Internacional, a tenor del cual la data o información suministrada a Interpol debe ser utilizada con miras a la prevención, represión y enjuiciamiento de las infracciones penales de derecho común, para, entre otros propósitos, buscar personas con miras a su detención.

b. La inscripción de la información del Profesor Brewer en los ficheros de Interpol, así como la pretendida difusión de una orden de captura, son actuaciones análogas, si no idénticas, *e.g.*, a las que, en el orden interno le han sido confiadas a las policías nacionales, que por mandato legal deben prevenir la comisión de delitos y apoyar el cumplimiento de las decisiones dictadas por la autoridad judicial competente, respetando en todo momento los derechos humanos. Análogas, si no idénticas, a las actuaciones que los distintos cuerpos de policía estatales deben cumplir en virtud de los deberes de colaboración y cooperación con otros Poderes Públicos estatales. Empero, en el caso de Interpol tales actividades son adelantadas por una *Amministrazione senza Stato*.

d. Interpol se vio obligada a revisar la inscripción o inclusión de los datos del Profesor Brewer en los ficheros o bases de datos de la Organización, y a abstenerse de expedir la consecuente orden de captura internacional, a solicitud del propio Brewer. La solicitud a la cual acabamos de hacer alusión fue formulada por Brewer en su condición de particular afectado por (i) el acto de gravamen estatal anunciado -y luego expedido- por las autoridades venezolanas (*supra*, §22., literal a.), y (ii) las medidas que Venezuela le solicitaba a Interpol que adoptase con base en el precitado acto estatal.

e. El derecho subjetivo de los particulares a solicitar acceso a los ficheros de la Interpol encuentra su fundamento, en primer término, en el artículo 7, literal b., del Reglamento sobre Tratamiento de Información para la Cooperación Policial Internacional, a tenor del cual dicha solicitud debe ser tramitada ante la Comisión de Control de Ficheros. También en el artículo 4 del Reglamento sobre el Control de la Información y el Acceso a los Ficheros, según el cual «…cualquier persona que desee acceder a la información de carácter personal sobre ella o sobre la persona que represente…», puede dirigirle una solicitud (administrativa) a la Comisión de Control de Ficheros de Interpol. A esa solicitud la Comisión, por mandato del artículo 9 del Reglamento sobre el Control de la Información y el Acceso a los Ficheros de la Organización, debe darle «…respuesta a la mayor brevedad posible».

f. Dicho en otras palabras, las *normas reglamentarias* que disciplinan la conducta de Interpol le reconocen a los particulares la condición de sujetos de Derecho en el ámbito internacional, y, como tales, le reconocen también la titularidad de una suerte de derecho de petición y oportuna y adecuada respuesta, en el que la petición no va dirigida a un Poder Público estatal, sino a una Administración -*i.e.*, a una "autoridad"- Global. Ese derecho le reconoce a las personas legitimación para demandar acceso a su información y para, consecuentemente, solicitar la "revisión" de la decisión en virtud de la cual esa data fue incorporada a los ficheros de Interpol, debiendo acotarse que para poder proponer esta solicitud (administrativa), de raíz internacional, no resulta necesario agotar primero los recursos o "remedios" previstos por la legislación nacional.

g. Así las cosas, pareciera posible afirmar que estamos frente a una suerte de recurso (administrativo) de Derecho no estatal -a-nazionale, parafraseando a Cassese-;[19] frente a una garantía de tipo jurisdiccional -jurisdiccional, no judicial-[20] de origen o raíz internacional. Un derecho o garantía de Derecho a-nazionale, decíamos antes, porque el particular, el Estado venezolano e Interpol se encuentran sometidos a un Derecho Administrativo, y ésta es una aparente e insalvable contradictio in terminis, cuyo autor no es un Estado; a un Derecho Administrativo sin Estado o destatizzato; a un Derecho Administrativo "trasnacional" (trasnazionale); en fin, a un Derecho Administrativo que se ocupa de una Administración, he aquí otra aparente e insalvable contradictio in terminis, que no se enmarca en la estructura, en la tradicional organización, de un Estado.

§23. Veamos ahora cuáles fueron los motivos en que el Profesor Brewer fundamentó la solicitud presentada ante Interpol:

a. Con base en el artículo 2, literal a., del Estatuto de Interpol, norma de remisión que refiere a la Declaración Universal de Derechos Humanos de la Organización de las Naciones Unidas, el Profesor Brewer le pidió a la Secretaría General de la Organización que se abstuviera de tramitar el requerimiento del Estado venezolano y que, en todo caso, revisara y consecuentemente cancelara o anulara la información, enviada por las autoridades venezolanas, registrada o almacenada en los ficheros de Interpol.

---

19 CASSESE, SABINO, "L'ordinamento giuridico globale", publicado en *Dalla Cittadinanza Amministrativa alla Cittadinanza Globale*, obra dirigida por MANGANARO, F. y ROMANO TASSONE, A., Giuffrè Editore, Milano, 2005, p. 8.

20 PACE, ALESSANDRO, *Problemática delle libertàcostituzionali. Parte Generale*, seconda edizione, Casa Editrice dott. Antonio Milani (CEDAM), Padova, 1990, p. 108.

Por consiguiente, lo que Brewer le pidió inicialmente a Interpol fue que se abstuviera de difundir la orden de captura internacional requerida por las autoridades nacionales venezolanas, argumentando al efecto que el registro y ulterior difusión de la data atentaban no sólo contra el propio Estatuto de Interpol (art. 3), sino contra su derecho humano o fundamental a la libertad personal, cuya vigencia se garantiza prohibiendo tanto las detenciones estatales arbitrarias, como la persecución estatal con fines o motivaciones políticos.

b. El trámite (administrativo) ante Interpol giró, pues, en torno a la ilegalidad e ilegitimidad del requerimiento hecho por las autoridades venezolanas y también, por la naturaleza de las cosas, del registro o almacenaje de la data y de la petición de la ulterior difusión de una orden de captura internacional, que, a juicio del solicitante, se hallaba fundamentada en (prohibidas) razones de tipo político. Giró, por consiguiente, en torno a la necesidad de anular o cancelar el registro de dicha data en los ficheros de la Organización. Por lo que a sustancia o naturaleza se refiere, el trámite, como ya lo anotamos anteriormente, tenía carácter jurisdiccional,[21] porque de lo que se trataba era (i) del control o revisión por la propia Interpol, basado en razones o motivos de *legalidad*, de la operación de registro o almacenaje de la data personal del Profesor Brewer en los

---

21 Consúltese -*mutatis mutandis*- a MORLINO, ELISABETTA, "Labour Standards: Forced Labour in Myanmar", en *Global Administrative Law. Cases, Materials, Issues*, Institute for Research on Public Administration (IRPA) e Institute for International Law and Justice (IILJ), second edition, editado por Cassese, SABINO, CAROTTI, BRUNO, CASINI, LORENZO, MACCHIA, MARCO, MCDONALD EUAN y SAVINO, MARIO, 2008, p. 7; y, *mutatis mutandis*, a ESCOLA, HÉCTOR JORGE, *Tratado General de Procedimiento Administrativo*, Ediciones Depalma, Buenos Aires, 1981, p. 251.

ficheros de la Organización; y, (ii) del control, indirecto o reflejo -si se quiere, oblicuo- de la conformidad del requerimiento para la captura internacional del Profesor Brewer, girado por las autoridades venezolanas, con el Derecho Global (en el caso de la especie, con el Estatuto de Interpol y, por vía de consecuencia, por la norma de remisión contenida en el artículo 2, literal a., de dicho Estatuto, con la Declaración Universal de los Derecho Humanos de la Organización de las Naciones Unidas).

c. Dicho en otros términos, una Administración ajena al Estado venezolano (Interpol), una Administración que no pertenece a ningún Estado en particular,[22] puede censurar el requerimiento para la detención o captura hecho por las autoridades venezolanas. Y al hacerlo, ejerce un "poder" jurídico similar o equivalente, si no igual, a la potestad revisora -a instancia de parte- que las leyes nacionales le reconocen a ciertas Administraciones estatales cuando se trata de enjuiciar la legalidad de actos expedidos por otras Administraciones, también estatales, con la salvedad, claro está, que en el caso de la especie Interpol enjuició la legalidad y legitimidad del requerimiento para la detención o captura expedido por las autoridades de un país (en nuestro caso, Venezuela). Interpol obró, pues, como árbitro de la legalidad de la actuación (previa) del Estado ve-

---

22 Conviene tener presente que el artículo 30 del Estatuto de Interpol dispone, por una parte, que «en el ejercicio de sus funciones, el Secretario General y el personal a sus órdenes *no solicitarán ni aceptarán instrucciones de ningún Gobierno ni de ninguna autoridad ajena a la Organización* y se abstendrán de toda acción que pueda perjudicar a su misión internacional», y por la otra, que «...cada uno de los Miembros de la Organización se compromete a respetar el carácter exclusivamente internacional de las funciones del Secretario General y del personal, y a no influir sobre ellos en el desempeño de su cometido».

nezolano, y en dicha condición rechazó la pretensión de las autoridades de dicho Estado.

d. En definitivas cuentas, lo que a nivel internacional Interpol conoció y decidió fue una suerte o especie de *habeas data*, esto es, un recurso o remedio, propuesto por una persona (natural), que tenía por objeto conocer los datos que sobre ella se guardaban o almacenaban en un archivo o registro, público en este caso, para luego, con base en ese conocimiento, exigir la supresión de esa data,[23] por haber sido ésta registrada -y poder llegar a ser difundida- en infracción de lo previsto por el Estatuto de Interpol, y por tanto, que no se diera curso al requerimiento del Estado.

§24. Presentada la solicitud del Profesor Brewer, Interpol siguió un procedimiento administrativo, cuyo *iter* cabría resumir así:

a. En su condición de autoridad directora del procedimiento, la Secretaría General de Interpol le solicitó información a las autoridades venezolanas en repetidas oportunidades. Esta consulta previa, realizada en virtud de la garantía del debido proceso y del principio *auditur alteram parte*, que exige que de manera previa se oiga a la otra parte -en el caso de la especie, al autor del acto lesivo-, se fundó en los artículos 10.1 y 15.2 del Reglamento sobre Tratamiento de Información para la Cooperación Policial Internacional, del año 2003. Parafraseando a Morlino, con esa exigencia se procuraba asegurar que «...los principios del *Rechtstaat*, originalmente desarrollados a nivel nacional, sean respetados» por igual a ni-

---

23 *Mutatis mutandis*, FALCÓN, ENRIQUE M., *Habeas data. Concepto y procedimiento*, Abeledo-Perrot, Buenos Aires, 1996, p. 23.

vel internacional, cuando una autoridad global, como es precisamente el caso de Interpol, revisa las actuaciones de Administraciones Públicas estatales o nacionales.[24]

b. Adicionalmente, la Secretaría General le solicitó dictamen o parecer -en Derecho- a la Comisión de Control de los Ficheros, órgano colegiado independiente, integrado por cinco (5) miembros, designados en razón de sus conocimientos especializados, dotado de amplísimos poderes de investigación,[25] al cual compete comprobar o determinar «…que las normas y operaciones relativas al tratamiento de información de carácter personal por parte de la Organización, y en especial los proyectos de creación de nuevos ficheros o nuevos medios de difusión de este tipo de información, cumplen la reglamentación de la propia Organización en este ámbito y no vulneran los derechos fundamentales de las personas, previstos en el artículo 2 del Estatuto de INTERPOL donde se mencio-

---

24 MORLINO, ELISABETTA, *op. cit.*, p. 8. Desde otra perspectiva, pudiera afirmarse que la consulta (previa) a las autoridades venezolanas tenía por objeto asegurarles a éstas el derecho a defensa, entendido como «un principio elemental del Derecho» DUBOUIS, LOUIS, "El papel del Tribunal de Justicia de las Comunidades Europeas. Objeto y ámbito de la protección", en *Tribunales Constitucionales Europeos y Derechos Fundamentales*, FAVOREU, L., LUCHAIRE, F., SCHLAICH, K., PIZZORUSSO, A., ERMACORA, F., GOGUEL, F., RUPP H.G., ZAGREBELSKY, G., ELIA, L., OEHLINGER, T., RIDEAU, J., DUBOUIS, L. CAPPELETTI, M. y RIVERO, J., Centro de Estudios Constitucionales, Madrid, 1984, p. 582.

25 El artículo 5° del Reglamento sobre el Control de la Información y el Acceso a los Ficheros de Interpol establece textualmente: «1. En el ejercicio de sus funciones, los miembros de la Comisión *no solicitarán ni recibirán instrucciones de nadie*, y deberán observar el secreto profesional. 2. La Comisión gozará de un *derecho de acceso libre y sin reservas a todos los datos de carácter personal tratados por Interpol y a todos los sistemas de tratamiento de tales datos, sean cuales fueren el lugar, la forma y el soporte del tratamiento.* En la medida de lo posible, la Comisión ejercerá este derecho sin interferir innecesariamente en las labores diarias de la Secretaría General».

na la Declaración Universal de Derechos Humanos, ni los principios generales en materia de protección de datos».[26]

c. Hasta tanto se decidiera el fondo del asunto -*i.e.*, de la controversia, de la *litis*- sometido a la consideración de la Secretaría General, ésta, con miras a salvaguardar los derechos del Profesor Brewer, dictó una medida (administrativa) de carácter cautelar, consistente en la inclusión de una advertencia o "nota marginal" al pie del requerimiento del Estado venezolano. Esa medida (administrativa) preventiva fue adoptada con base en el artículo 10 -numeral 1º, literal d- del Reglamento sobre Tratamiento de Información para la Cooperación Policial Internacional, del año 2003.

d. A la espera de la información ofrecida por la Oficina Central de Caracas, en un segundo momento la Secretaría General expidió una segunda medida (administrativa) de naturaleza cautelar, complementaria de la primera, consistente en el bloqueo de la información. En otras palabras, la Secretaría General resolvió que a la información transmitida e inscrita en los registros de Interpol debía ser tratada de manera reservada hasta tanto se adoptase la decisión (administrativa) definitiva.

§25. Y hecha esa reseña de antecedentes, resta por destacar el pronunciamiento de Interpol sobre el asunto sometido a su consideración. Veamos.

a. Habida consideración que las autoridades venezolanas no pudieron justificar las razones por las cuales, a su

---

26 Artículos 1º, 2º y 10 del Reglamento sobre el Control de la Información y el Acceso a los Ficheros de Interpol.

entender, el tipo delictivo (rebelión) imputado a Brewer debía ser visto y entendido como un delito común, a pesar de que dicho tipo califica -por la naturaleza de las cosas- como un delito político puro, la Secretaría General de Interpol ordenó la *total destrucción de la data* relativa al Profesor Brewer, que para ese momento obraba en poder de la Organización. En otras palabras, entendiendo que el requerimiento, por el delito imputado, no podía ser reconciliado con el Estatuto de Interpol, la Secretaría adoptó esa decisión con base en el artículo 15, numeral 2. ("Modificación, bloqueo o destrucción de la información"), del Reglamento sobre el tratamiento de información para la cooperación policial internacional.

b. Y, como es natural, con la destrucción de esa información, la Secretaría General de la Organización evitó -ese fue el producto o consecuencia de su decisión- que se le diera difusión a la orden girada por las autoridades venezolanas (artículo 15.3 *eiusdem*).

c. Con esa orden, de naturaleza o sustancia jurisdiccional, adoptada en el marco de un procedimiento (administrativo) de carácter contradictorio, Interpol, obrando en calidad de árbitro entre un particular y un Estado miembro -*i.e.*, obrando como autoridad *a-nazionale* ajena a la litis, llamada a decidir, de manera imparcial y objetiva, una controversia entre partes en conflicto-, aseguró la vigencia de su propio Estatuto y el respeto de las obligaciones asumidas por el Estado venezolano al incorporarse, en calidad de miembro, a esa Organización policial global.[27] Aseguró, además, la eficacia plena de los derechos humanos del Profesor Brewer.

d. En síntesis, pareciera posible afirmar (i) que en el caso de la especie la Organización Internacional de Policía Criminal (Interpol) dictó un acto en ejercicio de «...funciones de naturaleza materialmente jurisdiccional...»,[28] y (ii) que ese acto de "autoridad" tuvo por objeto brindarle a un particular *tutela administrativa efectiva* frente a lo que, en criterio de Interpol constituía un acto estatal -aludimos, como es obvio, al requerimiento de las autoridades venezolanas- arbitrario y, por tanto, *contra-legem*.

§26. Desde hace ya muchos años, demasiados, el distinguido Profesor Allan Randolph Brewer-Carías vive injustamente desterrado en el exterior. Para quienes decidieron perseguirlo por motivos políticos, la gran valía humana e intelectual de Brewer "justificaba" ese destierro, cuyo objetivo último era acallar su autorizada voz. Así de simple. Pero como el destierro no bastó, sus perseguidores hicieron luego lo imposible para forzar su regreso y privarlo de su preciada libertad individual. La finalidad del ilegítimo requerimiento para su captura o detención internacional no era otra que silenciarlo, anularlo definitivamente. Así

---

27 *Mutatis mutandis*, MACCHIA, MARCO, "Legality: The Aarthus Convention and the Compliance Committee", en *Global Administrative Law. Cases, Materials, Issues*, Institute for Research on Public Administration (IRPA) e Institute for International Law and Justice (IILJ), second edition, editado por Cassese, SABINO, CAROTTI, BRUNO, CASINI, LORENZO, MACCHIA, MARCO, MCDONALD EUAN y SAVINO, MARIO, 2008, p. 75.

28 *Mutatis mutandis*, consúltese la Sentencia dictada por la Corte Interamericana de Derechos Humanos en fecha 1° de septiembre de 2011 (Fondo, Reparaciones y Costas), asunto *Leopoldo López v. Venezuela* (§111.).

de brutal. Venezuela, lo prueba esta persecución con fines políticos, es tierra en la que la injusticia se ha institucionalizado.

§27.   A esa injusta persecución por motivos políticos, he aquí nuestra reflexión final, le puso fin Interpol, *Amministrazione senza Stato* a la que, entre otras cosas, incumbe controlar la legitimidad de las actuaciones de las policías nacionales de sus miembros que demandan su cooperación. Son éstos, los nuestros, tiempos de globalización.

Caracas, 27 de abril de 2015.

I
SOBRE EL DERECHO ADMINISTRATIVO GLOBAL

El derecho administrativo, al igual que el derecho constitucional, es y ha sido siempre, ante todo, un derecho del Estado que está destinado a regular, a la vez, tanto a las instituciones públicas como a los ciudadanos en sus relaciones con ellas; es decir, tanto a la organización, funcionamiento y actuación de instituciones del Estado, en particular, de la Administración Pública, como al ejercicio de los derechos por parte de los administrados cuando entran en relación con esta.

Se trata, por tanto, de un *derecho estatal,*[1] es decir, de un derecho del Estado, en este caso, de una parte esencial del mismo como es la Administración Pública, tanto en su organización como en su funcionamiento, conformada por instituciones de carácter público que persiguen fines públicos y colectivos situados por encima de los intereses particulares. Además, el derecho administrativo regula las relaciones jurídicas que se establecen entre ella y los administrados;[2] garantizando, tanto el equilibrio que debe existir entre los poderes atribuidos a la Administración y los de-

---

1   André Demichel, *Le Droit Administratif. Essai de réflexion théorique,* París, 1978, p. 14.

2   Véase Allan R. Brewer-Carías, "El concepto de derecho administrativo en Venezuela", *Revista de Administración Pública,* N° 100-102, Vol. l, Madrid, 1983, p. 688. Publicado también en Allan R. Brewer-Carías, *Estudios de Derecho Administrativo,* Bogotá, 1986, pp. 7 a 24.

rechos de los particulares, como la sujeción de su actuación al Estado al derecho.

En esta perspectiva del derecho administrativo como derecho del Estado, el principio es que no habría Administración Pública sin Estado, ni derecho administrativo sin Administración del Estado. Esta ha sido la percepción del derecho administrativo que todos los que nos hemos ocupado de esta disciplina hemos aprendido y hemos enseñado durante décadas.

Ello, sin embargo, ha comenzado a cambiar en el mundo contemporáneo. El derecho administrativo ha comenzado a dejar de ser sólo un derecho exclusivamente del Estado o de los Estados nacionales y de sus Administraciones Públicas; y ha comenzado a ser, además, un derecho que regula a nuevas Administraciones Públicas globales que ya no son parte del Estado o de un Estado nacional en particular. El mundo de la globalización, por tanto, también ha impactado a nuestro derecho administrativo, por lo que ya es común encontrarnos con una serie de "Administraciones sin Estado"[3] o de "órganos administrativos transnacionales"[4] hacia las cuales se han desplazado muchas decisiones regulatorias que antes sólo correspondían a las instituciones de los Estados nacionales, y que han pasado a ser adoptadas a nivel global.

En este caso estamos en presencia de lo que se ha denominado como "derecho administrativo global," distinto incluso al que a comienzos del siglo pasado se desarrolló en el marco de las "administraciones internacionales," y que se conoció como "derecho administrativo internacional." Este se manifestó, por una parte, en el régimen jurídico que surgió en el ámbito interno de

---

3   Véase Stefano Battini, *Amministrazioni senza Stato. Profili di Diritto Amministrativo Internazionale*, Giuffré, Milan, 2003.

4   Véase Benedict Kingsbury, Nico Krisch y Richard B. Stewart, "El surgimiento del derecho administrativo global," en *Res Publica Argentina*, Nº 2007-3, Buenos Aires, 2007, pp. 27 ss.

las organizaciones internacionales, por ejemplo, para regular las relaciones laborales en el orden interno de las mismas; y por la otra, en la actividad desplegada por instituciones regulatorias internacionales, básicamente configuradas como "uniones" (p.e. la Unión Postal Universal), que se establecieron para canalizar la cooperación internacional entre las Administraciones Públicas Nacionales regulatorias o de prestación de determinados servicios públicos, como el servicio de correos, o como las telecomunicaciones, o la navegación internacional. En esas materias, las Administraciones Públicas nacionales siguieron teniendo el rol central, no teniendo las "Uniones" poderes regulatorios y decisorios propios, a pesar de que se trata de organizaciones que han desarrollado materias específicas e importantes de derecho administrativo internacional en la cooperación entre los Estados y en relación con el servicio civil internacional.[5]

Las Administraciones Públicas globales que se han debido configurando en nuestros días, en cambio, están sometidas a un derecho administrativo global, con poderes regulatorios y decisorios propios, ejercidos en el marco de un tratado o un acuerdo internacional conforme al cual, como lo han destacado Kingsbury, Krisch y Stewart, "regulan y administran amplios sectores de la vida económica y social a través de decisiones específicas y de regulación administrativa."[6]

Estas Administraciones globales, inicialmente se fueron configurando en áreas que incidían en el campo de la gestión económica, al punto de que la palabra "globalización," si se la busca en el *Diccionario de la Real Academia de la Lengua Española*, se la define como referida a los mercados que trascienden, rebasan o desbordan las fronteras estatales y a las empresas que extienden

---

5   *Idem*, pp. 30-31.

6   *Idem*, p. 29.

su actividad más allá del ámbito de los Estados para alcanzar dimensión mundial. Ese fue, por tanto, el campo inicial de desarrollo de las Administraciones globales, por ejemplo, en materia de comercio internacional (Organización Mundial de Comercio), o de control de las actividades de los bancos e instituciones financieras (Comité de Supervisión Bancaria de Basilea).

Sin embargo, más recientemente, el campo de las Administraciones globales se ha ido desplazando progresivamente hacia otras áreas de actividad más vinculadas con aspectos sustantivos del tradicional derecho administrativo, como la protección ambiental (Comité de Cumplimiento del Protocolo de Kyoto, Convención Marco de la ONU sobre Cambio Climático), la seguridad internacional, (Consejo de Seguridad de las Naciones Unidas), la energía nuclear, el control de armas químicas, la propiedad intelectual, y el régimen de las personas, como por ejemplo, el tratamiento de los refugiados (Alto Comisionado de las Naciones Unidas para los Refugiados).

En este marco es que se puede también ubicar la Administración global para la cooperación en materia de policía administrativa, la cual por lo demás, incide en uno de los contenidos clásico del derecho administrativo, como es la policía, y que se conforma en el régimen de la Organización Internacional de Policía Criminal o INTERPOL.[7]

Lo importante de estas Administraciones globales, como Administraciones sin Estado, es que no están sometidas al régimen del derecho administrativo de un Estado en particular, o de los Estados nacionales en general, teniendo su propio derecho admi-

---

7 La denominación oficial de INTERPOL es: ICPO-INTERPOL. Las siglas ICPO es por *Internacional Criminal Police Organization* e INTERPOL es la abreviación de *Internacional Police,* escogida en 1946. hasta 1956 se denominó *Internacional Criminal Police Commission.*

nistrativo global,[8] es decir, su propio cuerpo de normas jurídicas de orden internacional que regulan tanto su organización, su funcionamiento y su actividad, como las relaciones que se establecen entre ellas y los sujetos pasivos del derecho administrativo global, que en este caso no sólo son los Estados nacionales, sino incluso, directamente, los individuos o ciudadanos de los mismos (administrados).

Es decir, estas Administraciones globales, conforme a los poderes que tienen conferidas en el marco regulatorio de su actividad, y que conforman las fuentes del derecho administrativo global, pueden adoptar decisiones que tienen efectos jurídicos directos respecto de las personas, a veces, sin intervención alguna de las Administraciones Públicas nacionales e, incluso, en contra de ellas, configurándose aquellos, entonces, como sujetos del derecho administrativo global en sus relaciones con la Administración global.

En esta forma, este derecho administrativo global se conforma por normas jurídicas internacionales o supranacionales que no tienen origen nacional ni responden a la tradicional idea de soberanía, de manera que sus efectos rebasan o desbordan los confines de los Estados. El mismo regula a Administraciones también globales, que no pertenecen a Estado alguno, pero que sin embargo, ejercen una autoridad que es reconocida por los Estados nacionales, en ejercicio de verdaderas potestades que tradicionalmente sólo se disciplinaban en el nivel nacional, configurándose en pa-

---

8   Véase Juan-Cruz Alli Aranguren, *Derecho Administrativo y Globalización,* Civitas, Madrid 2004; Sabino Cassese, *La Globalización Jurídica,* Instituto de Administración Pública, Madrid 2006; Benedict Kingsbury, Nico Krisch y Richard B. Stewart, "The Emergence of Global Administrative Law", in *Law and Contemporary Problems (The Emergence of Global Administrative Law),* School of Law, Duke University, Vol. 68, N° 3 & 4, Summer/Autumn 2005, pp. 15 ss.

ralelo a las Administraciones de los Estados nacionales.[9] En estos casos, incluso esas Administraciones globales desarrollan su actividad a través de procedimientos administrativos globales, que permiten a los individuos poder peticionar directamente ante las mismas, y no a través de los Estados nacionales, e incluso en contra de los mismos, y a someter a revisión, también por dichas Administraciones globales, de actuaciones de las Administraciones nacionales; en las cuales, además, también se han previsto mecanismos internos de revisión de las propias actividades desplegadas por los mismos órganos de la Administración global.

Este derecho administrativo global tiene igualmente por función asegurar el equilibrio propio del derecho administrativo en una sociedad democrática sometida a la legalidad, que también en las mismas es necesario establecer, entre las potestades de la Administración global y los derechos de los sujetos pasivos con los cuales se relaciona, que son tanto las Administraciones de los Estados nacionales como los ciudadanos de esos Estados.

Este derecho administrativo global, en definitiva, es el que precisamente ha contribuido al desarrollo de las Administraciones globales, sin Estado, que actúan con la autoridad que les confiere un derecho administrativo que no es derecho estatal, y que además, condiciona los poderes tradicionales de los Estados y de sus Administraciones Públicas, las cuales con el desarrollo de

---

9 En definitiva se trata de Administraciones que están regidas por un derecho que no tiene origen estatal; que además, limitan o condicionan la actividad de las Administraciones de los Estados y que incluso regulan o disciplinan las relaciones que surgen entre las propias Administraciones de los Estados y los particulares por causa del ejercicio de potestades públicas. Además, las normas de este derecho administrativo global, reconocen a los particulares, ciudadanos de cualquier Estado nacional, la condición de sujetos de derecho en el plano internacional, con posibilidad de entrar en relación jurídica directa con la Administración global, con independencia de las Administraciones de los Estados. Véase José Antonio Muci Borjas, *El derecho administrativo global y los Tratados Bilaterales de Inversión (BITs)*, Editorial jurídica venezolana, Caracas 2007.

aquellas, han quedado reducidas en ciertas áreas, originando en consecuencia, también, una reducción en el ámbito propio del derecho administrativo estatal o nacional.

II

LA INTERPOL COMO ADMINISTRACIÓN GLOBAL SOMETIDA A UN DERECHO ADMINISTRATIVO GLOBAL

1. *La cooperación policial internacional en materia de delitos comunes*

Una de las Administraciones globales que en el mundo contemporáneo ha venido adquiriendo importante connotación, tanto por la cooperación internacional que desarrolla con los Estados nacionales y sus Administraciones en materia de policía administrativa, como por la incidencia que tiene en relación con la libertad y los derechos de las personas, es la Organización Internacional de Policía Criminal, conocida como INTERPOL, a la cual está destinada en especial este estudio, como ejemplo de Administración Global.

Si bien la INTERPOL fue creada en Viena en 1923, tuvo sin embargo, su origen remoto en el Primer Congreso Internacional de Policía Criminal efectuada en Mónaco, en 1914, el cual congregó a funcionarios policiales y representantes de autoridades judiciales de 24 países, con el objeto de determinar las formas de cooperar entre los Estados con miras a la resolución de casos criminales, en particular en lo que se refería a procedimientos de detención y extradición, las técnicas de identificación y el establecimiento de un registro policial centralizado internacional. La institución, por tanto, está celebrando su centenario.

En la actualidad, la INTERPOL agrupa a 190 países, y está regida por un detallado marco jurídico que conforma el derecho administrativo global de la misma, que tiene como fuente fundamental la normativa contenida en su Estatuto, que es el *Estatuto de la Organización de Policía Criminal- INTERPOL*, que fue adoptado en la 25ª Sesión de la Asamblea General de la Organización celebrada en Viena en Junio de 1956, el cual entró en vigencia el 13 de junio de 1956, y cuya última reforma es de 2008.

Dicho Estatuto contiene la definición de las metas y objetivos de INTERPOL, y establece su mandato consistente en garantizar la asistencia recíproca de todas las autoridades de policía criminal de los Estados nacionales miembros, para que puedan reprimir las infracciones de derecho común que puedan cometer los ciudadanos de cualquiera de los Estados miembros. Dicha cooperación internacional la debe desarrollar la Organización, en el marco de su Estatuto, y además, conforme se indica en el artículo 2.a del mismo, "dentro del marco de las leyes de los diferentes países y del respeto a la Declaración Universal de Derechos Humanos,"[38] es decir, con sujeción a la propia normativa que la rige, conforme a las normas aplicables de derechos nacionales de los diversos países, y con estricto apego a las garantías de los derechos humanos adoptadas en el seno de las Naciones Unidas.

Ese compromiso de sujeción al derecho, que condiciona la actuación de Organización, es el que se tiene que reflejar no solo en la cooperación de la Organización con las cortes y tribunales internacionales que se han venido desarrollando en el seno de las

---

38 Conforme al Artículo 2, los fines de INTERPOL son: "a) Conseguir y desarrollar, dentro del marco de las leyes de los diferentes países y del respeto a la Declaración Universal de Derechos Humanos, la más amplia asistencia recíproca de las autoridades de policía criminal; b) Establecer y desarrollar todas las instituciones que puedan contribuir a la prevención y a la represión de las infracciones de derecho común."

Naciones Unidas, para el castigo de delitos de incidencia internacional, como por ejemplo los de lesa humanidad, sino fundamentalmente en el tratamiento de la información relativa a los datos
de las personas, con el objeto de garantizar los derechos de las
mismas.

Marco todo este de sujeción al derecho, que además exige de
la Organización que su actuación se desarrolle en el marco de una
estricta neutralidad, que se refleja en la prohibición establecida en
el artículo 3 del propio Estatuto,[39] al establecer la enfática declaración de que "está rigurosamente prohibida a la Organización
toda actividad o intervención en cuestiones o asuntos de carácter
político, militar, religioso o racial."

Esas dos normas del Estatuto, las de los artículos 2 y 3, sin
duda, conforman la columna vertebral de la actuación de la Organización, al punto que en la norma relativa al "propósito" del Reglamento de la Interpol sobre el Tratamiento de Datos de 2012, se
indica que dicho propósito:

> "es garantizar la eficacia y la calidad de la cooperación
> internacional entre las autoridades de policía criminal por
> conducto de INTERPOL, dentro del respeto a los derechos
> fundamentales de las personas objeto de tal cooperación, de
> conformidad con el artículo 2 del Estatuto de la Organiza-
> ción y con la Declaración Universal de Derechos Humanos
> a la que remite dicho artículo."

Además del Estatuto, también conforma el marco jurídico de
la Organización, en primer lugar, sus reglamentos de organización y funcionamiento como son el *Reglamento General*, los *Reglamentos* Internos de la Asamblea y del *Comité Ejecutivo*, y el

---

39 "Artículo. 3. Está rigurosamente prohibida a la Organización toda actividad o intervención en cuestiones o asuntos de carácter político, militar, religioso o racial."

Reglamento financiero; y en segundo lugar, los reglamentos que regulan la actividad de la INTERPOL, que son, primero, el *Reglamento sobre Tratamiento de Datos* (**RTD**) cuya última reforma es de 30 de junio de 2012, y que derogó los anteriores "Reglamento sobre el Tratamiento de Información para la Cooperación Policial Internacional," "Reglamento de Aplicación del Reglamento sobre el Tratamiento de Información para la Cooperación Policial Internacional" y "Reglamento sobre el Acceso de las Organizaciones Intergubernamentales a la Red de Telecomunicaciones y a las Bases de Datos de INTERPOL;" y segundo, el *Reglamento sobre el Control de la Información y el Acceso a los Ficheros de Interpol* (**RCI**) de 2004, reformado en 2009. [40]

Por otra parte, también constituye una pieza clave en las fuentes del derecho administrativo global aplicable a INTERPOL, la normativa contenida en el *Acuerdo para el establecimiento de la Sede* de la Organización en Lyon, Francia, suscrito en 1984 entre la República Francesa e INTERPOL, en cuyo anexo figura el *Intercambio de Notas Oficiales*, mediante las cuales se creó el sistema de control de los ficheros de INTERPOL y se dispuso la creación de la muy importante Comisión de Control de los Ficheros de la Organización. [41]

---

40   Estos documentos y todos los relativos a INTERPOL han sido consultados en la página web de la Organización: http://www.interpol.int/es/Acerca-de-INTERPOL/Documentaci%C3%B3n-jur%C3%ADdica.

41   El régimen de esta Comisión y el del sistema de control de ficheros de la Organización, se reguló inicialmente en 1982 en el *Reglamento relativo a la Cooperación Policial Internacional y al Control de los Ficheros de INTERPOL*, cuyo objetivo fundamental fue: "proteger contra cualquier abuso, las informaciones de policía tratadas y comunicadas en el seno del sistema de cooperación policial internacional establecido por la OIPC-INTERPOL, con vistas sobre todo a prevenir cualquier atentado contra los derechos de las personas" *(*artículo 1,2). Estos documentos y todos los relativos a INTERPOL han sido consultados en la página web de la Organización: http://www.interpol.int/es/Acerca-de-INTERPOL/Documentaci%C3%B3n-jur%C3%ADdica

El objeto fundamental de INTERPOL, tal como resulta de toda esa normativa, y como antes se comentó, es facilitar la cooperación internacional en materia policial a través de las fronteras de sus Estados miembros, y apoyar y asistir a todas las organizaciones, autoridades y servicios cuya misión sea prevenir o combatir internacionalmente el crimen, específicamente en relación con los *delitos comunes o infracciones de derecho común*, que son definidos de acuerdo con el artículo 1.1 del RTD, como "toda infracción penal, salvo aquellas que entran en el ámbito de aplicación del artículo 3 del Estatuto y aquellas para las que la Asamblea General haya establecido un régimen específico," quedando por tanto fuera del ámbito de la actuación de la INTERPOL, todo lo relativo a los crímenes de carácter político, militar, religioso o racial.

La cooperación internacional que desarrolla la Organización está llamada a desarrollarse, por tanto, exclusivamente en materia de delitos comunes, estándole prohibida a la misma, como antes se mencionó, cualquier intervención o actividades en relación con delitos de carácter político, militar, religioso o racial, lo que implica esencialmente que los Estados Miembros de la Organización no pueden utilizar la cooperación internacional que facilita la Organización, para materializar persecuciones de carácter político, militar, religioso o racial, y solicitar de la misma que emita y ejecute órdenes de detención internacional contra sus nacionales por delitos que no sean de derecho común.

En el marco general antes mencionado, y precisamente por su objeto y finalidad vinculada a la actividad de cooperación policial, que tiene estrecha relación y afecta a las personas, ciudadanos de los países miembros, la misión de INTERPOL, conforme se declara en su Estatuto, ante todo se tiene que realizar dentro de un marco de estricta legalidad o sumisión a la Ley (principio de legalidad), tal y como lo reafirma el *Reglamento sobre Trata-*

miento de Datos, al expresar que "la cooperación policial internacional por conducto de INTERPOL se llevará a cabo en el marco
de las normas generales que rigen el funcionamiento de la Organización, en particular de su Estatuto" (art. 5.1).

Conforme a esas normas generales, por tanto, el marco de la
legalidad aplicable a la INTERPOL, puede decirse que se constituye por un conjunto normativo integrado por cuatro instrumentos jurídicos precisamente determinados: en *primer lugar*, el marco que resulta de su propio ordenamiento jurídico, contentivo de
su derecho administrativo global, que deriva de su propio Estatuto, de sus Reglamentos y del Acuerdo de Sede; en *segundo lugar*,
el marco de la normativa general establecida a nivel internacional
y en las legislaciones nacionales relativa a la prevención y a la
represión de las "infracciones de derecho común," que son todas
aquellas infracciones penales distintas a las "de carácter político,
militar, religioso o racial (art. 3, Estatuto) y "aquellas para las que
la Asamblea General haya establecido un régimen específico;" en
tercer lugar, el marco normativo derivado de la Declaración Universal de Derechos Humanos de las Naciones Unidas de 1948, y
de su "espíritu," lo que tiene particular importancia dado que la
actividad de policía, siempre y esencialmente resulta en una restricción o limitación de los derechos de las personas;[42] y en *cuarto lugar*, el marco que resulta de los "los límites de las leyes exis-
tentes en los diferentes países" (art. 2, Estatuto).

Es en este marco normativo en el cual se regulan las competencias y la prohibición fundamental de actuación de la INTER-
POL concebida como organización internacional exclusivamente
destinada a asistir y cooperar con las organizaciones de policía
criminal de los Estados miembros y otras organizaciones interna-

---

42   Véase por ejemplo, Allan R. Brewer-Carías, "Consideraciones sobre el régimen
     jurídico de la actividad de policía administrativa," en *Revista de Derecho Público*,
     Nº 48, Editorial Jurídica Venezolana, Caracas, octubre-diciembre 1991, pp. 51-66.

cionales, en el ámbito exclusivo de la materia de delitos comunes o infracciones de derecho común, con la prohibición esencial de intervenir en forma alguna en delitos de carácter político, militar, religioso y racial.

2. *El régimen organizacional internacional de INTERPOL*

Esta Organización internacional, en el contexto antes descrito, en consecuencia, se ha configurado jurídicamente como una Administración global, cuya actuación está básicamente regida por su propio Estatuto y por los Reglamentos dictados por su Asamblea General, sin consideración alguna de fronteras; no teniendo dicha normativa origen nacional o estatal, por lo cual no responde a la tradicional idea de soberanía, de manera que sus efectos rebasan o desbordan los confines de los Estados nacionales.

Por tanto, como tal Organización internacional o Administración global, INTERPOL no pertenece a Estado alguno, ni recibe instrucciones de los mismos. Conforme a su Estatuto, tiene su propia organización, compuesta, de acuerdo con el artículo 5 del Estatuto, por la Asamblea General, el Comité Ejecutivo, la Secretaría General, las Oficinas Centrales Nacionales los Asesores, y además, la Comisión de Control de Ficheros, como una Administración global desconcentrada con autonomía adicional dentro de la propia Administración global.

Entre dichos órganos, los que ejercen las funciones de Administración Global en el desarrollo de la actividad de la Organización y el control y vigilancia porque las actuaciones de la misma se realicen en el marco de la cooperación, sometida a las normas que la rigen y sólo en materia de delitos comunes y no en materia de delitos políticos, militares, religiosos o raciales son: por una parte, la Secretaría General y sus diversos Servicios, que constituyen los servicios permanentes de la misma (art. 25, Estatuto); y por la otra, la Comisión de Control de Ficheros (art. 36, Estatuto), que es un órgano independiente que garantiza en particular que "el tratamiento por parte de INTERPOL de información de carácter personal cumple las normas estipuladas por la propia Organización en esta materia," para, entre otros aspectos, proteger los derechos fundamentales de las personas nacionales de los Estados Miembros frente al uso de esa información, y que fue formalmente incorporada en la normativa del Estatuto en 2008. A tal efecto el Reglamento de INTERPOL sobre Tratamiento de Datos define los "datos de carácter personal" como "todos los datos relativos a una persona física identificada o susceptible de ser identificada por medios a los que se puede razonablemente recurrir" (Art 1.3).

La Secretaría General tiene entre otras atribuciones las de aplicar las decisiones de la Asamblea General y del Comité Ejecutivo; actuar como centro internacional de la lucha contra la delincuencia de derecho común; actuar como centro técnico y de información; tener a su cargo la administración general de la Organización; y mantener el enlace con las autoridades nacionales e internacionales, tramitando las cuestiones de investigaciones criminales por conducto de las Oficinas Centrales Nacionales (art. 26 Estatuto.)

3. La independencia de INTERPOL como Administración Global

Tratándose de una Administración Global, INTERPOL actúa conforme a su Estatuto y a las demás fuentes que conforman su ordenamiento jurídico global, sin sujeción a órdenes e instrucciones de los Estados nacionales.

Y precisamente por ello, a los efectos de asegurar su carácter de Administración global, el artículo 30 del Estatuto es enfático en establecer que "en el ejercicio de sus funciones, el Secretario General y el personal a sus órdenes **no solicitarán ni aceptarán**

instrucciones de ningún Gobierno ni de ninguna autoridad ajena a la Organización y **se abstendrán de toda acción** que pueda perjudicar a su misión internacional."

Para garantizar ese status, por su parte, cada uno de los Países Miembros de la Organización, conforme a la misma norma estatutaria, "se compromete a respetar el carácter **exclusivamente internacional** de las funciones del Secretario General y del personal, y **a no influir sobre ellos** en el desempeño de su cometido." A tal efecto, además, cada uno de los Estados Miembros de la Organización debe hacer "cuanto le sea posible para conceder al Secretario General y al personal de la organización, todas las facilidades necesarias para el ejercicio de sus funciones."

Con fundamento todas estas normas del Estatuto y los Reglamentos de la Organización, la Secretaría General de INTERPOL, como Administración global en materia de cooperación policial internacional, está por tanto establecida en paralelo a las Administraciones policiales de los Estados Miembros, para así poder ejercer una autoridad propia de cooperación en la materia, que le ha sido reconocida por dichos Países Miembros, los cuales están obligados a respetarla, y la cual comporta el ejercicio de verdaderas potestades públicas, que tradicionalmente sólo se disciplinaban en el nivel nacional.

Esta obligación de los Estados Miembros y sus Administraciones Públicas de respetar las actuaciones de INTERPOL, sin duda, limitan o condicionan la actividad de las Administraciones policiales nacionales pues en cierta forma regulan o disciplinan las relaciones que surgen entre las dichas Administraciones policiales de los Estados y los ciudadanos de los mismos por causa del ejercicio de potestades públicas dentro de los propios Estados.

4. *La Comisión de Control de Ficheros*

A. *El origen de la Comisión de Control de Ficheros*

Además de la organización que estaba tradicionalmente dispuesta en el Estatuto, y que como se dijo, inicialmente solo conformaban la Asamblea General, el Comité Ejecutivo, la Secretaría General, las Oficinas Centrales Nacionales y los Asesores, a partir de la reforma del Estatuto en 2008, se formalizó como parte de la organización de la INTERPOL, a la muy importante Comisión de Control de Ficheros, la cual, sin embargo, existía desde que se reguló la Sede de la Organización en Francia en 1984.

Desde esa fecha, en el acuerdo de Sede y luego, en el propio texto del Estatuto, dicha Comisión ha quedado configurada dentro de la propia Administración global, como una Administración desconcentrada con autonomía adicional, que tiene por misión, como "órgano independiente" dentro de la Organización, la de vigilar y garantizar, en particular, el correcto tratamiento por parte de INTERPOL de la información de carácter personal que maneja la Organización, de manera que "cumpla las normas estipuladas por la propia Organización en esta materia," en especial, la derivada del marco de la Declaración Universal de los Derechos Humanos y de la prohibición de intervenir en materias de delitos que no sean infracciones de derecho común, para en definitiva asegurar la protección de los derechos fundamentales de las personas frente a la Organización y frente a los propios Estados Miembros en al uso o abuso de esa información o datos personales.

Esta Comisión de Control de Ficheros, como se dijo, hasta 2008 no estaba regulada en el Estatuto de la Organización, de manera que sus funciones de control y protección de los ficheros de la misma, para garantizar que el tratamiento de la información de carácter personal por parte de la INTERPOL se ajustase a las limitaciones respecto de la información policial y su reducción al campo de los delitos comunes previsto en el Estatuto; tuvo un origen muy particular y fue con motivo de la regularización del establecimiento de la sede de INTERPOL en Francia. Y fue precisamente con tal motivo, que puede decirse que en este caso se arraigó un derecho administrativo global, específicamente ante la necesidad de prever mecanismos de acceso a la información contenida en los archivos, para asegurar la protección de los derechos de los ciudadanos de los Estados miembros que pudieran verse afectados por ella, por ejemplo, por los requerimientos de las Oficinas Centrales Nacionales o por las informaciones contenidas en los archivos de INTERPOL, y que pudieran ser difundidas internacionalmente.

El motivo directo de la creación de la Comisión resultó de la resolución de las diferencias que fueron surgiendo entre la Organización y el Estado francés, con ocasión del establecimiento de la sede de INTERPOL en la ciudad de Lyon. Con tal motivo, el país sede quiso aplicar a los Archivos de la Organización, su propia y muy importante en su momento, la conocida Ley nacional del 6 de enero de 1978 sobre la Informática y las Libertades, aplicable para la protección de los datos personales contenidos en los archivos del Estado francés.

Las autoridades administrativas del Estado sede, sin embargo, por conducto de la *Commission Nationale de l'Informatique et des Libertés* que había sido creada en virtud de dicha ley nacional, pretendieron aplicar dicha Ley en general en su territorio, y buscaron tener derecho de acceso a los datos personales de los archivos de INTERPOL. Frente a ello, INTERPOL sostuvo que dicha Ley no era aplicable a la información policial tratada por su Secretaría General, como Administración global que era, y ello, no sólo porque esa información no era de su propiedad, ya que provenía de los Países miembros de la Organización, siendo la Organización una mera depositaria de la misma; sino porque la aplicación de la Ley francesa de 1978 a los ficheros de INTER-POL, podría perjudicar la cooperación policial internacional, ya que algunos Estados podrían preferir abstenerse de comunicar una información policial a INTERPOL, que pudiera ser divulgada a organismos franceses.

En definitiva, se trataba de deslindar la Administración global, sometida a su propio derecho administrativo global, de las Administraciones Públicas nacionales sometidas a los respectivos derechos administrativos nacionales, incluyendo la de la República francesa como país sede, y precisar que la Administración global no podía estar sometida al derecho administrativo de alguno de los Países miembros de la Organización, ni siquiera el del país sede. Y eso fue precisamente lo que resultó del intercambio de notas entre el Estado francés y la INTERPOL, que derivó en la creación de la Comisión de Control de Ficheros.

B. *El carácter de la Comisión, como órgano desconcentrado independiente en la Organización*

En efecto, de la resolución del conflicto internacional que se había planteado, lo que resultó fue la creación de la Comisión de Control de Ficheros de INTERPOL, con la tarea fundamental de asegurar que la actuación de la Organización se desarrollara en un todo en el marco del principio de legalidad que la rige, antes referido, y además, estuviese circunscrita a la cooperación internacional en materia de delitos comunes o infracciones de derecho común, lo que implicaba la prohibición rigurosa de intervenir en delitos que no fueran de dicha naturaleza, y en especial, en delitos políticos, militares, religiosos y raciales.

Como lo establece ahora el artículo 36 del Estatuto de la Organización, corresponde a la Comisión de Control de Ficheros, como órgano independiente, garantizar que el tratamiento por parte de INTERPOL de información de carácter personal cumpla las normas estipuladas por la propia Organización en esta materia. O como se establece en el artículo 1.a del *Reglamento sobre Control de Información y acceso a los ficheros de Interpo*l, la Comisión debe comprobar:

> "que las normas y operaciones relativas al tratamiento de la información de carácter personal por parte de la Organización, y en especial los proyectos de creación de nuevos ficheros o nuevos medios de difusión de este tipo de información, cumplen la reglamentación de la propia Organización en este ámbito y no vulneran los derechos fundamentales de las personas, previstos en el artículo 2 del Estatuto de INTERPOL donde se menciona la Declaración Universal de Derechos Humanos, ni los principios generales en materia de protección de datos."

A tal efecto, la Comisión está encargada de asesorar a la Organización en todos los proyectos, operaciones, cuestiones de reglamentación o "cualesquiera otros asuntos que comporten el tratamiento de información [de datos] de carácter personal;" y además, tiene la importante competencia de recibir y tramitar todas las solicitudes que le puedan formular las personas nacionales ciudadanas de los países miembros, o sus representantes, "de acceso a los ficheros de INTERPOL."

Para asegurar el cumplimiento de sus funciones, los artículos 2 y 3 del Reglamento sobre Control de la Información y acceso a los ficheros de la INTERPOL, dictado para organizar el control independiente de los ficheros de la Organización," disponen que la Comisión de Control de Ficheros debe estar integrada por cinco (5) miembros que son designados por un período de tres años (art. 3), "en razón de sus conocimientos especializados y de modo que permitan a la Comisión "ejercer su misión con *total independencia*" (art. 2).[43] Los mismos se designan de la manera siguiente: La Asamblea General debe designar a los cinco miembros de la Comisión, que deben ser nacionales de un Estado Miembro (art. 2.c), con experiencia en materia judicial, de protección de datos, informática y o internacional en la esfera policial (art. 2.a), cuya candidatura debe haber sido presentada por los Estados miembros, y que hayan sido previamente seleccionados por el Comité Ejecutivo (art. 2.b). Los miembros seleccionados deberán designar Presidente de la Comisión. En la medida en que sea posible, los miembros de la Comisión deben tener distintas nacionalidades, y representar al menos a dos regiones diferentes (art. 2.d).

El artículo 5,a del Reglamento sobre Control de la Información y el acceso a los ficheros de INTERPOL, reitera que la Comisión debe desempeñar "de modo independiente las tareas que le sean asignadas;" y sus reuniones, para evitar toda interferencia, se deben celebrar "a puerta cerrada," de manera que los únicos facultados para reunirse permanentemente en el seno de la Comisión son sus miembros y su secretaría, pudiendo sin embargo, la propia Comisión, invitar a un tercero cuya presencia juzgue necesaria para debatir un punto concreto del orden del día (art. 5.c).

De acuerdo con el mismo artículo 5,e del Reglamento sobre Control de la Información y acceso a los ficheros de INTERPOL,

---

43 Dichos miembros son: un Presidente, que desempeñe o haya desempeñado cargos de responsabilidad en el ámbito judicial o de la protección de datos; dos expertos en protección de datos, que desempeñen o hayan desempeñado cargos de responsabilidad en este ámbito; un experto en informática, que desempeñe o haya desempeñado cargos de responsabilidad en este ámbito; y un experto de reconocida experiencia internacional en la esfera policial, y en particular, en el ámbito de la cooperación policial internacional" (art. 5.a).

la Comisión debe emprender "las gestiones necesarias para cumplir su cometido y garantizar su independencia," para lo cual, entre otras previsiones, prevé que:

1. En el ejercicio de sus funciones, los miembros de la Comisión no solicitarán ni recibirán instrucciones de nadie, y deberán observar el secreto profesional.

2. La Comisión gozará de un derecho de acceso libre y sin reservas a todos los datos de carácter personal tratados por INTERPOL, y a todos los sistemas de tratamiento de tales datos, sean cuales fueren el lugar, la forma y el soporte del tratamiento. En la medida de lo posible, la Comisión ejercerá este derecho sin interferir innecesariamente en las labores diarias de la Secretaría General.

C. *La Comisión a cargo de garantizar el derecho de petición de los ciudadanos de los países miembros y su derecho a obtener la oportuna respuesta de las mismas*

En esta forma, la Comisión es la encargada dentro de la Organización de garantizar el derecho de petición que tienen todas las personas de acceso a sus datos personales, y controlar el tratamiento de los mismos en el seno de la misma, conforme a las normas del derecho administrativo global y a las normas nacionales aplicables; y además, es también la encargada de asegurar la oportuna respuesta a dichas peticiones o solicitudes, es decir del cumplimento de la obligación establecida en el artículo 1.b del mencionado Reglamento sobre el Control de la información y el Acceso a los ficheros de INTERPOL, de "responder a los solicitantes."

Se trata, sin más, como se explica más adelante, del establecimiento a favor de los ciudadanos nacionales de todos los Estados miembros del derecho de petición y del derecho a obtener oportuna respuesta, regulado y garantizado en el derecho administrativo global, para garantizarles que la Organización actúe en el marco del mismo en materia de tratamiento de datos personales. Este derecho de petición, además, se complementa con el derecho de acceso a la información de la Administración global en materia de informaciones de carácter personal, al punto de que en el mismo Reglamento se dispone en su artículo 1.3, que con motivo de las solicitudes de acceso a los ficheros de la INTERPOL, la Comisión:

"pondrá la lista de los ficheros de INTERPOL a disposición de las personas con nacionalidad de un Estado miembro de la Organización con residencia permanente en él."

D. *Las recomendaciones de la Comisión y sus relaciones con la Secretaría General*

Como lo regula detalladamente el artículo 6 del RCI, la Comisión de Control de Ficheros, en cuanto al resultado de su trabajo, debe informar sobre sus investigaciones y debe dirigir sus dictámenes y recomendaciones a la Secretaría General, con el objeto de que los mismos puedan comunicarse a las entidades y personas interesadas, o bien ponerse en práctica; y además, debe trasmitir a la secretaría General, si lo considera oportuno, algunos datos extraídos de las solicitudes o algunos documentos que su Secretaría haya elaborado a petición suya con el fin de conocer y controlar el tratamiento de la información de carácter personal por parte de la Organización.

Si la Secretaría General, sin embargo, considera que no puede seguir una recomendación, la Comisión puede emprender las siguientes medidas.

En primer lugar, emprender las gestiones adecuadas con vistas a cerciorarse de que el tratamiento por parte de INTERPOL de la información de carácter personal en cuestión se haga conforme con las normas que ha adoptado INTERPOL en materia de tratamiento de la información.

En segundo lugar, entregar a la Comisión, en su reunión siguiente, un informe en el que exponga y motive su decisión. Para preparar o defender su postura, la Secretaría General puede también solicitar audiencia ante la Comisión.

En caso de discrepancia de la Comisión con la Secretaría General sobre una operación o un proyecto de tratamiento de información de carácter personal, la Comisión puede informar de ello al Comité Ejecutivo para que éste pueda tomar en su caso las medidas apropiadas.

Además, la Comisión debe elaborar un informe anual de sus actividades que debe presentar al Comité Ejecutivo, para su transmisión a la Asamblea General junto con los comentarios que desee añadir a aquél. Con la autorización del Comité Ejecutivo, la Comisión puede presentarlo ante la Asamblea General.

En todo caso, la Comisión debe decidir la respuesta que se deberá remitir a los solicitantes y les remitirá dicha respuesta; y está facultada para hacer declaraciones públicas, y concretamente para dar a conocer su informe anual de actividades

5. *INTERPOL y sus relaciones con los ciudadanos de los Estados Miembros*

Dado que la actividad policial afecta a los ciudadanos nacionales de todos los Estados miembros, y dada la obligación que tiene la INTERPOL conforme a su Estatuto y a los Reglamentos de desarrollar su actividad global dentro del espíritu de la Declaración Universal de Derechos Humanos, y en vista de que la actividad de la Organización está reducida expresa y exclusivamente a la materia de delitos de derecho común o infracciones de derecho comunes, el derecho administrativo global que le es aplicable a la misma, reconoce a los particulares, ciudadanos de cualquier Estado miembro, la condición de sujetos del derecho administrativo global en el plano internacional, con posibilidad de entrar en relación jurídica directa con la Secretaría General de INTERPOL y con la Comisión de Control de Ficheros, como integrantes de la Administración Global que son, con independencia de las Administraciones Públicas de los Estados nacionales o de las Oficinas Centrales Nacionales de los mismos e, incluso, en algunos casos, en confrontación con ellas.

En estos casos, la relación directa que se establece entre los ciudadanos nacionales de los Estados Miembros y la Organización, se regula expresamente en el propio ordenamiento interno de INTERPOL como derecho administrativo global, a través de la mencionada garantía del derecho petición de los ciudadanos nacionales de cualquier Estado miembro que puedan resultar afectados por el tratamiento de datos de carácter personal manejada por la Organización en sus funciones de cooperación policial internacional, y que pueda ser realizado al margen del marco normativo de la INTERPOL; derecho de petición y de obtener oportuna respuesta que se puede ejercer por los nacionales de los Estados miembros directamente ante la Organización, con independencia de los Estados miembros y sus Administraciones Públicas.

A tal efecto, en la normativa aplicable a INTERPOL se ha regulado un procedimiento administrativo global, como se analiza más adelante, a los efectos de asegurar dicha protección de los derechos de los ciudadanos de cualquier Estado por parte de la Administración Global, por ejemplo, frente a las pretensiones de las Administraciones policiales nacionales de los Estados miembros de pretender usar a la INTERPOL en la persecución de sus nacionales por delitos de orden político, militar, religioso o racial, es decir, que no tengan el carácter de delitos de derecho común. Ese procedimiento administrativo global se fue configurado inicialmente, por supuesto, en torno a la aplicación del artículo 3 del Estatuto de INTERPOL, particularmente frente a las pretensiones de las Administraciones policiales de los Estados Miembros de utilizar a la Organización para que actuase en la persecución de ciudadanos acusados de haber cometido por ejemplo, delitos políticos, militares, religiosos o raciales; y se ha venido consolidado globalmente, para el control general del tratamiento de la información de carácter personal conforme al ordenamiento que rige la actuación de la INTERPOL, es decir, para asegurar el respeto del principio de la legalidad por la Administración global.

El resultado de todo este desarrollo del derecho administrativo global de la INTERPOL es que en el marco del mismo han configurado dos procedimientos administrativos fundamentales de carácter global. El primero, que podría considerarse como un procedimiento administrativo constitutivo, es decir, de formación de los actos, que es el tendiente a asegurar que el registro de información sobre personas en los ficheros de la Organización, que se efectúa fundamentalmente a solicitud de las Oficinas Centrales Nacionales de los Estados Miembros, se desarrolle cumpliendo la reglamentación de la propia Organización, de manera que no se vulneren los derechos fundamentales de las personas previstos en el artículo 2 del Estatuto de INTERPOL donde se hace referencia a la Declaración Universal de Derechos Humanos; ni se afecten los principios generales en materia de protección de datos.

El segundo procedimiento administrativo global antes mencionado, en cambio, que se puede considerar como el procedimiento administrativo de impugnación o más precisamente de revisión, es el dispuesto para asegurar la posibilidad de revisión de los registros de información ya efectuados en la Organización, con vistas a asegurar que hayan sido efectuados conforme al principio de legalidad y se puedan en consecuencia obtener su modificación o eliminación.

Lo importante es que respecto de estos dos procedimientos administrativos globales, el ordenamiento de INTERPOL reconoce a los particulares, ciudadanos nacionales de cualquier Estado, la condición de sujetos de derecho administrativo en el plano internacional, para actuar ante INTERPOL en relación con los datos sobre sus personas, con la posibilidad de entrar en relación jurídica directa con la Secretaría General de INTERPOL y la Comisión de Control de Ficheros, como Administraciones globales que son, con independencia de las Administraciones Públicas de los Estados nacionales o de las Oficinas Centrales Nacionales de los mismos e, incluso, en algunos casos, en confrontación con ellas.

III

EL PRINCIPIO DE LA NEUTRALIDAD QUE RIGE EL SISTEMA DE COOPERACIÓN INTERNACIONAL EN MATERIA DE POLICÍA A CARGO DE LA INTERPOL EXCLUSIVA-MENTE EN MATERIA DE DELITOS DE DERECHO COMÚN

De acuerdo con el Estatuto de INTERPOL, y desde su creación, como se ha dicho, su actuación ha estado circunscrita a la cooperación internacional en materia de delitos comunes o infracciones de derecho común, lo que implica, conforme al derecho administrativo global que la rige, la prohibición rigurosa para INTERPOL de intervenir en delitos que no sean de dicha naturaleza, y en especial, en delitos políticos, militares, religiosos y raciales, tal como lo indica el artículo 3 del Estatuto.

En consecuencia, el contorno del régimen del tratamiento datos y de la protección de la información de cooperación policial esencialmente contenida en los ficheros de la Organización, está en definitiva señalado por la referida limitación que se estableció desde 1946, al reducirse la acción de la INTERPOL, conforme al artículo 2,b de su Estatuto, a la prevención y a la represión de las infracciones de derecho común, es decir, infracciones de derecho común; con lo que desde su creación, se configuró un marco normativo que es obligatorio no sólo para la Organización sino para todos los Estados Miembros, con el objeto de garantizar la neutralidad de la misma, aun cuando respetando la soberanía de los Estados.

En todo caso, esta limitación tan importante que constituye la esencia de la actuación de INTERPOL, al quedar limitada su actuación a la materia de los delitos de derecho común, ha impuesto a la Organización la necesidad de interpretar el artículo 3 del Estatuto, particularmente para enfrentar a las pretensiones de los Estados contrarias a la prohibición y así evitar que su cooperación internacional se vea mezclada con persecuciones políticas, religiosas, militares o raciales.

1. *La información policial, la neutralidad de INTERPOL y las infracciones de derecho común*

Las relaciones que se establecen entre la INTERPOL como Administración global, por una parte, y los Estados Miembros, sus organizaciones policiales, y los ciudadanos nacionales de dichos Estados miembros, por la otra, surgen ante todo con motivo del tratamiento de datos personales en materia de cooperación policial internacional por parte de INTERPOL; a cuyo efecto, Reglamento sobre el Tratamiento de Datos (RTD), define la expresión "tratamiento" como "toda operación o conjunto de operaciones que se aplique a unos datos y que se haya efectuado mediante procedimientos automatizados o de otro tipo, tales como la recogida, el registro, la consulta, el envío, la utilización, la divulgación o la eliminación "(art. 1.5); y por "datos," como "toda información, sea cual fuere su fuente, relativa a hechos constitutivos de *infracciones de derecho común*, a las investigaciones sobre dichos hechos, a la prevención, el enjuiciamiento de sus autores y la sanción de las citadas infracciones, a la desaparición de personas o la identificación de cadáveres" (art. 5.2); entre los cuales están los "datos de carácter personal" que como se indicó se definen como "todos los datos relativos a una persona física identificada o susceptible de ser identificada por medios a los que se pueda razonablemente recurrir" (art. 5.3).

Esta información o los datos que se acumulan y archivan en INTERPOL, conforme al principio de la neutralidad derivado del artículo 3 de Estatuto, debe estar limitada a infracciones de derecho común o a delitos comunes. Esa información, por su propia naturaleza, sin duda puede afectar los derechos de la personalidad, y en especial, la libertad personal y de circulación de los ciudadanos nacionales de los Estados miembros, lo que es particularmente grave si los datos enviados a INTERPOL por las Oficinas Centrales Nacionales rebasan dicho ámbito de dichos delitos de derecho común e invaden el campo de los delitos políticos, militares, religiosos y raciales.

En efecto, como antes se ha dicho, el objetivo fundamental de INTERPOL es asegurar la cooperación internacional en la prevención, la represión y el enjuiciamiento de las infracciones penales de derecho común contempladas en el artículo 2 del Estatuto de la Organización, a cuyo efecto mediante el Sistema de Información de la INTERPOL se genera una importante acumulación, intercambio y difusión de información o datos policiales, con el objeto de facilitar las investigaciones relacionadas con tales infracciones (arts. 1.4, y 4, del Reglamento de Interpol sobre Tratamiento de Datos). Esa información es la que precisamente debe tratarse en el marco del principio de neutralidad, es decir, sin rebasar los límites dispuestos en el artículo 3 del Estatuto; cuyos objetivos primarios, como lo indica la propia Organización, son: "asegurar la independencia y neutralidad de INTERPOL como organización internacional; reflejar la ley internacional de extradición, y proteger a las personas persecución."

Por ello, "el artículo 3 se aplica a todas las actividades de INTERPOL y es particularmente pertinente en el procesamiento de información por los canales de la Organización, especialmente en la revisión y emisión de Noticias por INTERPOL y en la revisión de mensajes intercambiados directamente entre los Estados miembros."[44]

Como lo ha informado la propia Organización, dicha limitación establecida en el artículo 3 del Estatuto, además, no sólo se aplica a la Secretaría General de la INTERPOL sino también a los Estados Miembros, los cuales deben inhibirse de requerir asistencia en los casos prohibidos por el artículo 3, estando obligados a cumplir con el Estatuto cuando se integran a INTERPOL. La Organización, en consecuencia, debe

"verificar que las solicitudes de las Oficinas Centrales Nacionales que circulen en la red de INTERPOL y que se almacenan en su base de datos, cumplan con el Estatuto. Este monitoreo significa que INTERPOL puede rehusarse a procesar cualquier solicitud o requerimiento con base en el artículo 3, aun cuando los Estados solos tienen los derechos de soberanía para determinar si una infracción es política (en el contexto de un procedimiento de extradición por ejemplo)."[45]

Y fue precisamente para asegurar la legalidad del tratamiento de la información y de los datos, de manera de respetar el principio de neutralidad, que la Organización fue progresivamente construyendo su propia doctrina interpretativa;[46] lo que desde el

---

44 Véase en la página web de INTERPOL, en http://www.interpol.int/es/About-INTERPOL/Legal-materials/Neutrality-Article-3-of-the-Constitution.

45 *Idem.*

46 A tal efecto, la Asamblea General de INTERPOL ha adoptado una serie de resoluciones interpretativas, las cuales se han acompañado de varios documentos emanados de la misma Organización titulados *"Historial del Artículo 3"* (GT-ART 3-2004.07; *"Marco de Interpretación del Artículo 3"* (GT-ART3-2004.10); y *"Procedimientos dispuestos por la Organización para vigilar la aplicación del Artículo 3"*

establecimiento de la Organización, ha implicado el desarrollo de una permanente labor de interpretación específicamente de la aplicación del artículo 3 del Estatuto, norma que ha permanecido siempre como "una previsión dinámica y viva en la práctica de INTERPOL."[47]

2. *El artículo 3 del Estatuto y la neutralidad de INTERPOL: algunos antecedentes*

Como se dijo, desde su creación en 1923, la actuación de la INTERPOL se circunscribió a la cooperación internacional en materia de delitos comunes, lo que a pesar de la ausencia de previsión estatutaria expresa, excluía a los delitos políticos. Ello marcó la postura neutral de la Organización, particularmente entre las dos Guerras Mundiales, al negarse sistemáticamente a intervenir en asuntos de tal naturaleza. Con ello, en todo caso, la Organización seguía la tendencia general desarrollada desde el siglo XIX en materia de extradición, que se excluía en relación con las infracciones de carácter político. Ello, por lo demás, contribuyó a que la Organización progresivamente fuera ganando influencia en materia de cooperación internacional y la consideración de las autoridades administrativas y judiciales de los Estados Miembros.

Esta laguna estatutaria, en todo caso, fue cubierta en 1948 al añadirse al final del primer párrafo del artículo 1 del Estatuto de la Organización una frase en la que se mencionaba la rigurosa exclusión de todos los asuntos que tuvieran un carácter político, religioso o racial. Dicho párrafo del artículo 1, en 1948, quedó redactado así:

(GT-ART3-2004.11), lo que pone de manifiesto la especial importancia que la Organización Internacional de Policía Criminal le confiere a este aspecto.

47 *Idem.*

Artículo 1: La CIPC tiene como finalidad garantizar y favorecer la más amplia asistencia oficial recíproca entre todas las autoridades de policía criminal, dentro del marco legal existente en cada uno de los países, así como crear y desarrollar todas las instituciones capaces de contribuir eficazmente a la prevención y a la represión de las infracciones de derecho común, excluyendo rigurosamente cualquier asunto que presente un carácter político, religioso o racial.

Esta norma se reformó en 1956, al redactarse el Estatuto de INTERPOL, al agregarse a la lista de exclusión, a los delitos de carácter "militar," quedando superadas las dudas que podían resultar de la forma inicial de redacción del Estatuto, quedando claro por tanto, que la prohibición estaba dirigida a la actividad de la Organización, en sí misma, de manera de impedirle intervenir en cuestiones o asuntos que revistieran carácter político, militar, religioso o racial, y además, impedir también expresamente que los Estados Miembros que pretendieran utilizar a la Organización para perseguir en los casos prohibidos.

En todo caso, la limitación impuesta a INTERPOL de intervenir sólo en los casos de delitos de derecho común, implicó la exclusión de su intervención en los casos de crímenes de guerra o de acciones terroristas.

Ello, por supuesto, contrariaba los principios más elementales del derecho internacional que se habían venido delineando en el seno de la Organización de las Naciones Unidas, a la cual INTERPOL, como organización intergubernamental, sin embargo, no se consideraba sujeta; originándose importantes conflictos interpretativos, particularmente por el desarrollo, hacia la década de los cincuenta, de la práctica criminal del secuestro de aviones

Ello obligó a la Organización a comenzar a adoptar una interpretación del artículo 1º de su Estatuto, conforme a la cual se permitiera precisar, en cada caso, si efectivamente se trataba o no, en realidad, de una infracción de "derecho común" a pesar de que pudiera alegarse una motivación política o religiosa, y así permitir la intervención de la Organización.

Ello condujo, a que en la Asamblea de la Organización de 1951, se adoptara la Resolución AGN/20/RES/11, en la cual se introdujo el concepto o *"principio de predominio,"*[48] o de preponderancia, conforme a lo cual todos los hechos relevantes de una acción delictiva debían ser expresados a los efectos de determinar la naturaleza de la misma, de manera que lo que quedaban prohibidas eran las solicitudes de información, investigación, y arresto provisional en relación con las infracciones que tuvieran carácter predominantemente político, militar, racial o religioso; y en casos de delitos de ese tipo, si la predominancia en los hechos era de los delitos de derecho común, la Organización sí debía intervenir. En otros términos, si el caso tenía preponderantemente las características de infracción de derecho común, el artículo 3 no se aplicaba, pero si el caso tenía preponderantemente las características de delito político, militar, religioso o racial, o es puro delito de este tipo, se debía aplicar el artículo, 3 lo que impedía cualquier cooperación internacional en la materia.[49] Ello implicó,

---

48   El principio tuvo su origen en el Tratado de Extradición suizo de 1892, cuyo artículo 10 estableció que la extradición se debía conceder si el acto que la fundamentara constituía en esencia un delito común, incluso si la persona condenada invocaba motivos políticos. A estos efectos, para determinar el carácter "predominante" de derecho común de una infracción, el Tribunal Federal suizo esgrimió dos condiciones acumulativas que restringieron la definición de infracción política: primero, que el acto se cometiera en el marco de una lucha por el poder político y pudiera interpretarse como una tentativa de toma de poder; y segundo, que el acto no fuera desproporcionado con respecto al objetivo perseguido, sino que constituyera un medio realmente eficaz para lograr dicho objetivo. Este principio de preponderancia se desarrolló posteriormente en Europa en materia de delitos de terrorismo.

49   Véase en la página web de INTERPOL, en http://www.interpol.int/es/About-INTERPOL/Legal-materials/Neutrality-Article-3-of-the-Constitution.

en todo caso, la necesidad de que la Organización comenzara a examinar, caso por caso, cada solicitud.

Sin embargo, la adopción de la teoría del predominio o preponderancia en la interpretación de la prohibición contenida en el artículo 3, sin embargo, al inicio no condujo a la modificación del criterio de la Organización de no intervenir en los casos de personas acusadas de crímenes de guerra o crímenes contra la humanidad; criterio que sin embargo fue abandonado en 1994, mediante Resolución de la Asamblea General AGN/63/RES/9, cuando se planteó el tema de cooperación con el Tribunal Penal para la Ex-Yugoslavia.

La teoría del predominio, por otra parte, también condujo a la restricción de la prohibición del artículo 3, al regularizarse la posibilitad de la Organización de intervenir en los casos de terrorismo contra la aviación civil internacional (Resoluciones de 1970 y 1973), haciéndose referencia a los convenios aprobados en el marco de la OACI. Hacia mediados de los años setenta esta postura se fue ampliando para abarcar otras infracciones terroristas ajenas al campo de la aviación civil, como homicidios, lesiones corporales, secuestros, toma de rehenes, incendios voluntarios o atentados con explosivos; tratando sin embargo, de diferenciar los actos de terrorismo de los que resultaban de las luchas de liberación nacional, en los que la Organización no intervenía

En 1979, en la 48ª Asamblea General de la Organización celebrada en Nairobi, se aprobó una Resolución titulada "Actos de violencia cometidos por grupos organizados" que, "sin olvidar" el artículo 3 del Estatuto, estipulaba que la Asamblea General condenaba los actos de violencia cometidos por grupos organizados "alegando en algunos casos motivos ideológicos".

Por otra parte, con motivo del reconocimiento de la INTERPOL por parte de las Naciones Unidas, en diciembre de 1982, como Organización intergubernamental, lo que se reafirmó al suscribirse el Acuerdo con Francia, en 1983, para establecer la Sede de la Organización en ese país; y reconocerse a la Organización como sujeto de derecho internacional, ello la obligó a adecuar sus prácticas a lo establecido en los numerosos convenios internacionales que para ese momento ya existían en materia de terrorismo.

Luego, en 1984 mediante las Resoluciones AGN/53/RES/6 y AGN/53/RES/7 adoptadas en la Reunión de su Asamblea General en Luxemburgo, se abandonó la antigua práctica de evitar cualquier implicación en asuntos que pudieran revestir un carácter político en materia de actos de terrorismo, y al contrario, se afirmó en general el principio de que las Oficinas Criminales Nacionales y la Secretaría General podían cooperar sin reservas en la lucha contra el terrorismo, sin que ello significara violar el artículo 3 del Estatuto de la Organización, y siempre que el examen de cada caso pusiera de relieve el "predominio del derecho común" de la infracción.

Para la identificación, por otra parte de los delitos políticos, en las Resoluciones se precisó tal concepto al establecerse una lista de las "infracciones políticas por su naturaleza," dado que se reconocían como tales en todos los países miembros.

De todos estos antecedentes en la conformación del ámbito de actuación de la INTERPOL, estamos en presencia, entonces, de una Administración global regida por su propia normativa, que circunscribe su acción solamente a la cooperación en materia de delitos comunes, la cual conforma el núcleo esencial del derecho administrativo global que la rige, el cual no tiene origen nacional o estadal ni responde a la tradicional idea de soberanía, de manera que los efectos de su aplicación rebasan o desbordan los confines de los Estados.

3. *Criterios establecidos en 1984 sobre la aplicación del artículo 3, en particular respecto de los actos de terrorismo*

A. *Delitos políticos por su naturaleza y principio de la preponderancia*

En las antes mencionadas Resoluciones AGN/53/RES/6 y AGN/53/RES/7 adoptadas por la Asamblea General de la Organización en 1984, se reafirmó la autonomía de la Administración global, aun cuando en el marco del respeto de la soberanía de los Estados, para la interpretación del artículo 3 de su Estatuto. Es decir, si bien los Estados Miembros, conforme a sus poderes soberanos tienen potestad para calificar el carácter político de las infraccionas en sus respectivas legislaciones; ello no puede ser obstáculo para que la Organización vele por el respeto de su propio Estatuto. Ese derecho de la Organización de interpretar su propio Estatuto y sus reglamentos, sin embargo, no puede constituir una limitación a la posibilidad de que los Países miembros puedan adoptar una decisión opuesta a la de la Organización en materia de infracción política.

En todo caso, en la práctica, el mencionado principio de la preponderancia tiene repercusiones distintas según que sea el Estado Miembro el que envíe a la Organización una solicitud de cooperación, o sea que el mismo reciba tal solicitud de la Organización.

En el *primer caso*, si se trata del Estado que emite una información o una solicitud, la negativa de la Organización de dar curso a dicha información o solicitud sobre la base del artículo 3, no puede significar en modo alguno que la Organización sea competente para decidir en lugar del Estado, si dicha infracción tiene o no carácter político. Lo que la Organización hace es responder a su propia normativa y conforme a ella a su propia lógica, que consiste en garantizar el respeto a su Estatuto y sus Reglamentos, es decir, observar la neutralidad más estricta. Por ello, los Estados miembros han definido a través de la Asamblea General, el marco analítico al cual debe ceñirse la Secretaría General de INTER-POL para garantizar el respeto del artículo 3 cuando existe un móvil político.

En todo caso, en los delitos considerados como de "naturaleza política," entre los que por ejemplo se enunciaron a título enunciativo, la pertenencia a un movimiento disuelto, los delitos de opinión, los delitos de prensa, las injurias a las autoridades en ejercicio, los delitos contra la seguridad interior o exterior del Estado, la traición y el espionaje; la prohibición prevista en el artículo 3 opera automáticamente, y cuando la Secretaría General rechaza solicitudes de los Estados Miembros en estos casos, su decisión se funda en su propia normativa.

En los casos en que se estime necesario aplicar el principio de la preponderancia, conforme a la Resolución AGN/53/RES/7, en los casos en los cuales en las infracciones *predomina* el carácter político, militar, religioso o racial *sobre el elemento de derecho común* que pueden comportar, el examen previo, caso por caso, para determinar dicha predominancia (AGN/53/RES/7 punto 1.2 y 3), se debe hacer conforme a los siguientes tres principios:

Principio N° 1: La prohibición enunciada en el artículo 3 se extiende a las infracciones que presentan un carácter predominantemente político, militar, religioso o racial, aun cuando en el país requirente tales actos hayan sido tipificados como infracciones de derecho común (AGN/20/RES/14 y AGN/53/RES/7, punto 1,2).

Principio N° 2: La existencia de una motivación política, militar, religiosa o racial no implica por sí sola la aplicación del artículo 3. La existencia de un elemento de derecho común no basta para excluir la aplicación del artículo 3 (AGN/63/RAP/13 punto 4.1).

Principio N° 3: Corresponde a los Estados, en el ejercicio de su soberanía, determinar el carácter político, militar, religioso o racial de una infracción (AGN/53/RES/6).

En todo caso, conforme a este marco analítico, si bien la determinación del carácter político de la infracción es competencia de los Estados, corresponde sin embargo a la Organización, a los efectos de dar curso a la solicitud de información o rechazarla, apreciar el predominio de los elementos de derecho común exclusivamente sobre la base de los criterios esbozados en la Resolución AGN/53/RES/7.

En el segundo caso, si se trata del país receptor el que reciba una solicitud de cooperación enviada a través de INTERPOL, el mismo puede determinar su postura y adoptar las medidas necesarias en función de sus propios criterios, tanto desde el punto de vista policial como judicial. Como consecuencia de ello, se considera que el Estado no está vinculado por la decisión de la Secretaría General de tramitar una información en la que predomine el derecho común.

B. *El principio del predominio básicamente en materia represiva y no en materia preventiva en actos de terrorismo*

El segundo principio desarrollado con base en la Resolución AGN/53/RES/6, Punto II. 6 de la INTERPOL en materia de solicitudes de los Estados miembros a la Organización, es que la teoría del predominio se aplica según la naturaleza del acto de cooperación requerido, en el sentido de que si se trata de una solicitud de *prevención*, la Organización generalmente procede a efectuar "la difusión de información técnica, incluso si procede de asuntos con una motivación política;" en cambio, si se trata de un requerimiento en materia de *represión* de asuntos con móvil político, su tratamiento responde a las normas específicas de evaluación establecidas en la Organización.

Esta distinción también tuvo su origen en el tema de la condena de la comunidad internacional respecto de los actos de terrorismo y la necesidad de luchar contra el terrorismo (AGN/53/RES/6), lo que llevó a INTERPOL a distinguir las solicitudes enviadas por los países miembros, según que se produzcan antes de que verifiquen los hechos de terrorismo (preventivas) con la información que serviría para prevenir dichos actos (AGN/53/RES/7), o después de haberse perpetrado el acto terrorista (represivas).

En virtud de ello, los mensajes de alerta sobre los preparativos de actos de terrorismo, por ejemplo, en aeropuertos, se han intensificado, y si se trata de infracciones previstas en Convenios Internacionales relativos a actos de terrorismo (por ejemplo, contra la aviación civil, toma de rehenes, o contra las personas que gozan de protección internacional), la INTERPOL prácticamente no toma en cuenta la posible filiación política de los autores potenciales denunciados, con lo que ha abierto las puertas a la cooperación en estos ámbitos. La única condición establecida por la Organización es que la comunicación de información de esta naturaleza formulada por los Estados, *"no se fundamente exclusivamente en la pertenencia de los interesados a un movimiento político"* (AGN/53/RES/7, Punto II. 6), sino que se debe fundar también en otros datos que señalen la posibilidad de que el individuo haya participado en la preparación de un acto de toma de rehenes o de un acto contra la aviación civil.

Otro de los principios derivados de las Resoluciones de Luxemburgo en relación con el predominio del derecho común en un asunto, plantea la necesidad de tener en cuenta la existencia o no de vínculos entre los objetivos de los autores y la víctima, para lo cual la Organización debe examinar el lugar donde se ha perpetrado el acto, la calidad de las víctimas y la gravedad de la infracción, siendo preponderante el análisis del lugar de ejecución de un acto de terrorismo. En ello, adquiere particular interés el tema de la perpetración de actos de terrorismo fuera de la llamada "zona de conflicto."[50]

4. *Criterios establecidos en 1994 en particular en materia de cooperación con Tribunales Penales Internacionales*

Los principios para la aplicación del artículo 3 del Estatuto de INTERPOL, volvieron a ser modificados en la Resolución AGN/63/RES/9 adoptada en la Reunión de la Asamblea General en Roma de 1994, con motivo de la creación, mediante Resolución Nº 827 del 25 de mayo de 1993 del Consejo de Seguridad de Naciones Unidas, del Tribunal Internacional para juzgar a las personas sospechosas de violaciones graves del derecho internacional humanitario cometidas a partir de 1991 en el territorio de la antigua Yugoslavia. Con ello se resolvió el tema de las relaciones entre el Tribunal y la INTERPOL, así como de la intervención de esta última en el tratamiento de los asuntos criminales examinados por el Tribunal.[51]

---

50 Se ha considerado "zona de conflicto", a los países o regiones que se encuentran en una situación de conflicto que podría dar lugar a tentativas de imponer soluciones por medio de actos terroristas perpetrados en otro lugar. Se estableció en la Resolución que: "Cuando los autores de las infracciones tienen una motivación política, pero dichas acciones ya no tienen una relación directa con la vida política de los individuos o con la causa por la que luchan, los hechos cometidos ya no pueden considerarse al amparo del artículo 3. Esto sucede sobre todo cuando las acciones se cometen en terceros países situados fuera de la "zona de conflicto" y cuando constituyen una grave amenaza para la libertad, la vida o los bienes (Punto II. 3).

51 Dicho problema de la utilización de las vías de comunicación de la INTERPOL por parte de este Tribunal se formuló en junio de 1993 en el marco del Consejo de Europa.

En el caso del Tribunal Penal Internacional para la Antigua Yugoslavia, la Organización consideró necesario "definir su postura tanto en lo relativo a la cooperación con el Tribunal como en lo que atañe a la aplicación del artículo 3 del Estatuto de INTERPOL en los asuntos examinados por dicho Tribunal" (Resolución AGN/63/RAP/13,), con lo que se modificó la estricta posición que había mantenido anteriormente, aceptando la tendencia generalizada orientada a la "restricción progresiva de la aplicación de disposiciones excepcionales que prevén un tratamiento más favorable para los autores de infracciones de este tipo debido al contexto político del acto" (AGN/63/RAP/13, p. 5.).

En esta forma, mediante Resolución AGN/63/RES/9, que ratificó el informe AGN/63/RAP/13, no sólo se trató el tema de las infracciones sancionadas por el Tribunal Penal Internacional, sino que se complementaron las modalidades generales de interpretación del artículo 3 contempladas en la Resolución AGN/53/RES/7, en la siguiente forma:

A. En primer lugar, se dispuso que la Organización estaba autorizada a tratar todos los asuntos examinados por el Tribunal (infracciones graves a los Convenios de Ginebra de 1949, violaciones de las leyes o costumbres de la guerra, genocidio, crímenes contra la humanidad) a condición de que el examen individual del asunto pusiera de relieve el predominio de los elementos de derecho común. Se trataba de la primera vez que la Organización abordaba asuntos de este tipo, los cuales desde 1946 se descartaban automáticamente.

En todo caso, en esta materia relativa a las violaciones al derecho internacional humanitario, desde 1994 la Organización ha reconocido sistemáticamente el predominio del derecho común al examinar los asuntos de forma individual. En tal orientación, otros convenios de cooperación han sido establecidos entre la INTERPOL y el Tribunal Penal Internacional, el Tribunal Penal internacional para Rwanda, el Tribunal Penal Internacional para Sierra Leone, y el Tribunal Especial para el Líbano.

B.   En segundo lugar, se determinó el principio del valor del criterio geográfico, es decir, del lugar de comisión del acto con respecto a la "zona de conflicto," colocándose al mismo nivel que los criterios de la calidad de las víctimas y la gravedad del acto. Se consideró que la situación geográfica no constituye el único criterio de apreciación, puesto que en estos casos entran en juego otros hechos cuya relevancia puede ser decisiva a la hora de determinar el elemento predominante, como el examen de la relación existente entre las víctimas de dichas infracciones y el eventual móvil político, y la gravedad de los actos incriminados, ya que en general, las víctimas de estas infracciones son personas que no participan o que han dejado de participar en el conflicto. (AGN/63/RAP/13, p. 8).

C.   En tercer lugar, se estableció que las infracciones cometidas por los dirigentes políticos debían analizarse desde el ángulo del predominio del elemento político o de derecho común, al igual que las infracciones cometidas por otras personas. Se consideró que aunque el poder político debe ejercerse dentro de los límites establecidos por la ley, incluidos los de la legislación internacional, "hay que admitir que existen numerosos campos en los que el ejercicio de un poder político no puede sustentarse en formas jurídicas". No obstante, los criterios de gravedad de la infracción, calidad de las víctimas y zona de conflicto sirven para determinar el predominio de derecho común o político en cada caso.

D.   En cuarto lugar, en específico, la Resolución aportó varias precisiones sobre la noción de infracción "militar," estableciéndose que "El hecho de que el autor de la infracción sea un militar no quiere decir que el acto sea de carácter militar;" que "el reclutamiento forzoso de prisioneros o civiles en las fuerzas armadas enemigas (artículo 2(e) del Estatuto del Tribunal Internacional), que está relacionado con la constitución de fuerzas armadas y que, por tanto, no puede disociarse de los asuntos militares, puede considerarse como una infracción militar por naturaleza y autorizaría pues la aplicación del artículo 3 del Estatuto;" que "no son infracciones militares aquellos actos que se componen de elementos de una infracción de derecho común y de un elemento constituido por la inutilidad del acto desde el punto de vista militar;" que "todas las demás infracciones deben examinarse para establecer si predomina el elemento de derecho común o el elemento militar."

Desde 1996 y partiendo de estos mismos principios de interpretación, la Secretaría General de INTERPOL también ha brindado su cooperación al Tribunal para Ruanda, tras el visto bueno acordado en la 63ª reunión de la Asamblea General (AGN/63/PV/5).

5. *Criterios generales sobre la prohibición a la INTERPOL de intervenir en materia de delitos políticos, militares, religiosos o raciales*

El tema de la interpretación del artículo 3 del Estatuto de INTERPOL, como puede apreciarse de la evolución antes analizada, constituye la médula de su actuación, y sobre ello, la Secretaría General además de pronunciarse de manera puntual y redactar fichas temáticas para difundir su postura oficial, en las Resoluciones interpretativas emitidas en 1951, 1984 y 1994 (GT-ART3-2004.10), ha establecido los siguientes criterios interpretativos en relación a lo que debe entenderse por delitos, cuestiones o asuntos de carácter político, militar, religioso o racial, en los que siempre se examina el tema de la predominancia o no del elemento de derecho común.

A. *Infracciones de carácter político*

En cuanto a las infracciones que, por su esencia misma, revisten un carácter político, como antes se ha dicho, los siguientes son los ejemplos citados en la Resolución de 1984: pertenencia a un movimiento disuelto; delitos de opinión; delitos de prensa; injurias a las autoridades en ejercicio; delitos contra la seguridad interior o exterior del Estado; traición, y espionaje. Se trata de una enumeración enunciativa, por lo que la Organización puede identificar otros delitos políticos conforme a sus propios criterios.

En cuanto al examen de la predominancia del elemento de derecho común en una infracción de carácter político, la situación se resume así:

a. El hecho de que el autor de una infracción sea una personalidad política no confiere automáticamente a dicha infracción un carácter político. Las infracciones cometidas por personalidades políticas, al igual que las cometidas por otras personas, deben examinarse desde el punto de vista de la predominancia del elemento político o de derecho común (AGN/63/RAP/13, §5.2.1).

    Las solicitudes relativas a violaciones graves del derecho humanitario cometidas por políticos no entran en el campo de aplicación de la prohibición prevista en el artículo 3, pues se considera que tales actos se cometen al margen del ejercicio normal del poder político (AGN/63/RAP/13).

b. Para determinar la predominancia en cuestión, hay que examinar si existe o no una relación directa entre los actos perpetrados y la realidad política del país del interesado, o la causa que combate, o las víctimas ocasionadas. Ello se puede determinar mediante tres criterios: En primer lugar por el alejamiento geográfico del lugar de comisión de los actos respecto a la "zona de conflicto;"[52] en segundo lugar, por la gravedad de la infracción (atentados graves contra la libertad, la vida de las personas y los bienes);[53] y en tercer lugar, por la ausencia de vinculación entre la víctima y los fines perseguidos por los autores de la infracción, el país de la zona de conflicto y la situación política.[54]

B. *Infracciones de carácter militar*

En cuanto a las infracciones de carácter militar, entre aquellas que por esencia son de tal carácter, se han identificado: la deserción (Resolución AGN/53/RES/7); y el alistamiento forzado de prisioneros de guerra o de civiles en las fuerzas armadas enemi-

---

52 La prohibición de intervenir se considera suspendida cuando se trata de actos cometidos fuera de la "zona de conflicto", pero no se define el concepto de "zona de conflicto" (AGN/53/RES/7, punto II.3). Pese a la gran importancia que se le atribuía en la resolución de 1984, este criterio se relativizó considerablemente en 1994, en el caso de las violaciones del derecho internacional humanitario (que se producen por definición en una zona de conflicto), y se equiparó a los otros criterios (AGN/63/RAP/13, punto 5.2.1).

53 Evaluación de la gravedad de la infracción, y especialmente del carácter violento de los actos (AGN/53/RES/7, punto II.3). Pertinencia casi sistemática de este criterio en el caso de las violaciones del derecho internacional humanitario (infracciones consideradas como crímenes por los convenios internacionales) (AGN/63/RAP/13, punto 5.2.1).

54 INTERPOL insiste en la importancia de la existencia o no de vínculos entre los objetivos perseguidos por un acto terrorista y sus víctimas (AGN/53/RES/7, punto II.5), lo que refleja el punto de vista según el cual el terrorismo causa víctimas inocentes fuera de la "zona de conflicto". En los casos en los que la víctima es un civil que no participa en el conflicto, no se aplica el artículo 3; si la víctima ya no participa en el conflicto, tampoco se aplica el artículo 3 (AGN/53/RES/7, punto II.5). Otros ejemplos de situaciones expuestas en la resolución AGN/53/RES/7 a las que, debido a los criterios propuestos, no se aplica el artículo 3, son: Asesinato de policías fuera de la zona de conflicto; toma de rehenes para obtener la liberación de cómplices; atentados contra civiles; secuestros de aviones; secuestro de personas.

gas, o constitución de fuerzas armadas (Informe AGN/63/RAP/13, punto 5.2.2).

En cuanto al examen de la predominancia del elemento de derecho común en una infracción de carácter militar (AGN/63/RAP/13, punto 5.2.2), la situación se resume así:

a. El hecho de que el autor de una infracción sea un militar no confiere automáticamente a dicha infracción un carácter militar. Por otro lado está el criterio del carácter innecesario de los actos con respecto a las exigencias militares, a condición de que dichos actos comporten elementos propios de una infracción de derecho común (fundamento: ausencia de necesidad o utilidad desde un punto de vista militar), en cuyo caso el artículo 3 no se aplica.

b. Otros criterios para determinar la predominancia: Ausencia de vinculación entre la víctima y los fines perseguidos por los autores de la infracción, el país de la zona de conflicto y la situación política; gravedad de los actos y de los daños causados por los mismos.

C. *Infracciones de carácter religioso o racial*

En cuanto a las infracciones de carácter religioso o racial, la doctrina de INTERPOL contenida en la Resolución AGN/53/RES/7, ha identificado como casos en los que las infracciones por su esencia misma revisten tal carácter religioso o racial, la pertenencia a un movimiento disuelto o la práctica de una religión.

En las Resoluciones, sin embargo, no se han dado ejemplos de infracciones que por su esencia misma, revistan un carácter racial. En el informe AGN/63/RAP/13 sólo se establece una distinción entre etnia y raza, pero sin señalarse las implicaciones de la misma.

6. *Criterios generales para determinar la licitud de la intervención de INTERPOL en materia de solicitudes de notificación o alerta para la búsqueda internacional*

A los efectos de la aplicación del artículo 3 del Estatuto de INTERPOL, se han establecido en diversas Resoluciones de la Organización, una serie de principios de procedimiento para determinar la licitud de la intervención de INTERPOL en materia de registro de datos o búsqueda internacional, con motivo de la aplicación del artículo 3 del Estatuto.[55]

A. *Resolución AGN/20/RES/11 (1951) sobre las "Solicitudes de Búsqueda Internacional"*

La Resolución AGN/20/RES/11 (1951) sobre las "Solicitudes de Búsqueda Internacional" fue adoptada por la Comisión Internacional de Policía Criminal (CIPC), en la 20ª Reunión de su Asamblea General, celebrada en Lisboa del 10 al 15 de junio de 1951, en la cual se recomendó a sus miembros y a los Jefes de las Oficinas Centrales Nacionales:

> "que velen por que no se transmitan en ningún momento a la Oficina Internacional o a las demás Oficinas Centrales Nacionales solicitudes de información o de búsqueda y, sobre todo, de detención preventiva que tengan por objeto infracciones de carácter predominantemente político, racial o religioso, aún cuando en el país solicitante los hechos fueran constitutivos de una infracción de derecho común."

---

55 Véase el documento RESOLUCIONES SOBRE EL ARTÍCULO 3 (GT-ART3-2004.06).

En tal virtud, la Asamblea General decidió, "con el fin de cumplir en todo lo posible con las disposiciones del artículo 1 del Estatuto, que en caso de duda sobre el carácter político, racial o religioso de una solicitud, se autorice al Jefe de la Oficina Internacional, de común acuerdo con el Secretario General de la CIPC,"

"a suspender la difusión de cualquier solicitud de información o de búsqueda procedente de una Oficina Central Nacional o de otra entidad policial solicitante, de modo que pueda pedir toda la información necesaria para apreciar la naturaleza exacta de los hechos y la situación real de los delincuentes.

La Asamblea General, además, decidió

"que la entidad policial que envíe una solicitud de información o de búsqueda al Jefe de la Oficina Internacional para su difusión a las Oficinas Centrales Nacionales, o a otra Oficina Nacional extranjera, será enteramente responsable de las consecuencias que pudieran derivarse del carácter político, racial o religioso de dicha solicitud."

La Asamblea General, finalmente, recomendó a los Estados miembros y a los jefes de las Oficinas Centrales Nacionales":

"que velen también, en la medida de lo posible, por que las solicitudes que reciban de las autoridades policiales extranjeras no parezcan vulnerar los principios enunciados en los párrafos 1 y 2 de la presente resolución, y que, si fuera necesario, lo pongan inmediatamente en conocimiento de la

Oficina Internacional sita en París, que se encargará de informar al Secretario General."[56]

B. *Resolución AGN/53/RES/7 (1984) sobre aplicación del Artículo 3 del Estatuto*

La Asamblea General de la OIPC-INTERPOL, en su 53ª reunión, celebrada en Luxemburgo del 4 al 11 de septiembre de 1984, adoptó la Resolución AGN/53/RES/7 (1984) "Aplicación del Artículo 3 del Estatuto," mediante la cual con objeto de facilitar la interpretación de dicho artículo, recomendó que se difundieran a todos los servicios encargados de la prevención y de la represión de la delincuencia los siguientes principios indicados en la Resolución, y que tanto la Secretaría General como las Oficinas Centrales Nacionales, los apliquen:

a. *Procedimiento y Reglas*

En la Resolución, textualmente se indicaron los siguientes procedimientos y reglas:

1. De acuerdo con el Artículo 3 del Estatuto "está rigurosamente prohibida a la Organización toda actividad o intervención en cuestiones o asuntos de carácter político, militar, religioso o racial".

2. Una resolución aprobada por la Asamblea General en 1951 aclara que la prohibición abarca también los delitos que exhiben un "carácter predominantemente político, religioso o racial, aún cuando en el país requirente, se hubiera asignado una calificación de derecho común a estos hechos".

---

56 AGN/20/RAP/14.

3. Resulta imposible establecer una definición más precisa de lo que se denomina asunto de carácter político, militar, religioso o racial. Cada caso deberá estudiarse por separado de acuerdo con su contexto.

4. En cuanto el Secretario General tenga conocimiento de un hecho al que pudiera corresponder la aplicación del Artículo 3, procederá a un intercambio de opiniones con la OCN solicitante con miras a determinar si la aplicación del Artículo 3 corresponde al hecho.

5. En caso de mantener la solicitud de intervención, toda responsabilidad derivada del carácter asignado al asunto incumbe a la OCN. Al efectuarse la difusión, la Secretaría incluirá la más amplia información.

6. En caso de desacuerdo completo del Secretario General con una OCN en lo referente a la interpretación que merecen ciertos asuntos con relación al Artículo 3, la Secretaría puede negarse a cooperar.

7. Cuando una OCN, actuando por cuenta propia, ha infringido notoriamente las disposiciones del Artículo 3, el Secretario General se reserva el derecho de transmitir su propia postura a las demás OCN.

8. Si, con motivo de un intercambio bilateral entre las OCN, los puntos de vista en relación con la aplicación del Artículo 3 difiriesen, se pondrá imperativamente al corriente a la Secretaría General.

9. La negativa por parte de uno o de varios países a dar curso a las peticiones provenientes de una OCN o de la Secretaría General (por ejemplo una solicitud de extradición), no significa que la petición no sea procedente ni que deba aplicársele automáticamente el Artículo 3 del Estatuto. No obstante los rechazos de extradición serán

comunicados a las demás OCN mediante un addendum a la difusión, en forma de indicación de puesta en libertad. Cuando una persona es objeto de una medida de detención con miras a su extradición, la solicitud de búsqueda sigue siendo válida salvo aviso contrario del país solicitante y hasta el momento en que se efectúe la extradición.

De estos procedimientos y reglas se reafirma, ante todo, el carácter de Administración Global de la INTERPOL, como organización Intergubernamental no sujeta a la voluntad de los Estados en la aplicación de su propio Estatuto y Reglamentos y, en especial del artículo 3, que prohíbe rigurosamente a la Organización toda actividad o intervención en cuestiones o asuntos de carácter político, militar, religioso o racial.

En particular, se establece que la prohibición también se extiende respecto de los delitos que exhiben un "carácter predominantemente político, religioso o racial aún cuando, en el país requirente, se hubiera asignado una calificación de derecho común a estos hechos;" para lo cual la Organización estudiará "cada caso "por separado de acuerdo con su contexto."

A tal efecto, cuando el Secretario General reciba una solicitud en relación con un hecho al que pudiera corresponder la aplicación del Artículo 3, debe proceder a intercambiar opiniones con la Oficina Central Nacional solicitante con miras a determinar si la aplicación del Artículo 3 corresponde al hecho. La Secretaría puede discrepar, pero en caso de mantener la solicitud de intervención, "toda responsabilidad derivada del carácter asignado al asunto incumbe a la Oficina Central Nacional" y al efectuar la difusión, la Secretaría debe incluir la más amplia información.

Pero en caso de "desacuerdo completo del Secretario General con una OCN en lo referente a la interpretación que merecen ciertos asuntos con relación al Artículo 3, la Secretaría puede negarse a cooperar."

b. *Algunas posturas adoptadas con relación con casos concretos*

En el mismo texto de la Resolución, también textualmente, se indicaron las siguientes posturas en relación con casos concretos:

1. Algunos actos, que figuran como infracciones en los códigos penales nacionales son por su esencia delitos de carácter político, militar, religioso o racial, por ejemplo: pertenencia a un movimiento disuelto, delitos de opinión, delitos de prensa, injurias contra las autoridades, delitos contra la seguridad interior o exterior del Estado, deserción, traición, espionaje, las diligencias por infracción constituida por la práctica de una religión, proselitismo o propaganda para alguna religión o pertenencia a un grupo racial. Este tipo de actos entra en el campo de aplicación del Artículo 3.

2. El Artículo 3 también se aplica a los actos que pueden haber cometido personalidades políticas en el ejercicio del poder político, aún cuando estas personas sean sometidas a juicio tras la pérdida del poder y, eventualmente, su fuga al extranjero. Es preciso matizar en caso de que los delitos de derecho común fueran cometidos a título privado.

3. Cuando personas políticamente motivadas cometen delitos que carecen de vinculación con la vida política del país de los individuos o con la causa que combaten, podrá considerarse que los hechos no están cubiertos por la inmunidad establecida en el Artículo 3. Esto resulta particularmente cierto cuando las acciones se cometen

en otros países exteriores a la "zona de conflicto" y cuando se trata de acciones graves que atentan contra la libertad o la vida de las personas o contra los bienes.

Por ejemplo, cuando, a fin de obtener la libertad de un cómplice, se matan policías o se toman rehenes fuera de la zona de conflicto; y cuando se cometen atentados contra civiles -bombas en un banco, granada en un café, etc.- fuera de la zona de conflicto.

4. Tampoco se aplica el Artículo 3 a las acciones cometidas por individuos fuera de la zona de conflicto con miras a llamar la atención sobre una causa: secuestro de avión, toma de rehenes, secuestro de persona.

5. Un criterio general de evaluación consiste en que las víctimas no tengan vinculación inmediata o mediata con los fines perseguidos por los autores ni con los países de la zona de conflicto o la situación política en cuestión.

6. La apreciación de la situación con relación al Artículo 3 del Estatuto también debe tener en cuenta el tipo de acto de cooperación que pide la OCN solicitante. Si se trata de prevención nada se opone a la transmisión de informaciones técnicas, aunque se vinculen a asuntos con motivación política. Igualmente debe poderse intercambiar información sobre los autores potenciales de actos ilícitos contra la aviación civil o de tomas de rehenes, siempre que dicha información no se apoye únicamente en la pertenencia de los interesados a determinado movimiento político.

7. Los procedimientos administrativos globales que se desarrollan ante INTERPOL para el cumplimiento de sus fines y garantizar la aplicación del artículo 3 del Estatuto

A los efectos de garantizar la aplicación del artículo 3 del Estatuto de INTERPOL, de acuerdo con la Resolución GT-ART3-2004.1 se han establecido dos procedimientos básicos:

En primer lugar, el procedimiento administrativo que se desarrolla ante la Secretaría General y tiene por objeto efectuar con las debidas garantías el registro de alguna información o datos de carácter personal relativos a personas en materia de delitos comunes, o la publicación por la Organización de alguna notificación o alerta, el cual se inicia por iniciativa de las fuentes o por propia iniciativa de la Secretaría General, y se denominó como de *"vigilancia ordinaria*; y

En segundo lugar, el procedimiento administrativo que también se desarrolla ante la Secretaría General y tiene por objeto impedir el registro o efectuar una modificación del registro de alguna información relativa a personas por no ajustarse al Estatuto o Reglamentos, por ejemplo, por no referirse a delitos comunes, el cual se puede iniciar a petición de una Oficina Central Nacional, de una persona natural nacional de un País miembro de la Organización o de la Comisión de Control de los Ficheros, y que se denominó como de *"vigilancia excepcional"*.

En ambos casos, se trata de procedimientos administrativos globales, regidos por un derecho administrativo global, para asegurar que se registre información en la INTERPOL o se publiquen notificaciones solo en casos de delitos comunes, y garantizar la efectividad de la prohibición impuesta a INTERPOL de tener actuación en materia de los delitos políticos, militares, religiosos y raciales, conforme al artículo 3 del Estatuto de la Organización.

A continuación, en todo caso, analizaremos los diversos procedimientos administrativos globales que se derivan del Estatuto de INTERPOL y sus Reglamentos, es decir, los regulados en el procedimiento global de cooperación policial internacional.

IV

LOS PROCEDIMIENTOS ADMINISTRATIVOS GLOBALES PARA EL REGISTRO DE DATOS Y PARA LA PUBLICACIÓN DE NOTIFICACIONES O DIFUSIÓN DE INFORMACIÓN

El procedimiento global para el registro y difusión de información o de datos personales, llamado de "vigilancia ordinaria" es el que la Secretaría General debe aplicar por propia iniciativa, cuando reciben mensajes o informaciones de las Oficinas Centrales Nacionales, las cuales son objeto de examen (procedimiento definido parcialmente en la Resolución AGN/53/RES7) para la publicación de Notificaciones o Avisos, Noticias o Alertas; y tiene por objeto general regular tanto las relaciones entre aquella y estas, como la actuación de los diversos servicios de la Secretaría General que intervienen en el mismo.

1. *Principios generales que deben guiar los procedimientos*

Para el registro de datos o la publicación de notificaciones o Alerta y su difusión, en términos generales, como se analizará detenidamente más adelante, solo puede efectuarse cuando, "acumulativamente," la misma (i) esté conforme al Estatuto y a las normas de la Organización aplicables al caso; (ii) responda a una de las finalidades dispuestas para el registro de datos o la notificación o alerta; (iii) sea pertinente y referirse a un asunto que presente un interés concreto para la policía a escala internacional; (iv) no perjudique los fines de la Organización, su imagen o sus intereses, ni la confidencialidad o la seguridad de la información y (v) sea efectuada por la fuente de la que proceda con arreglo a la legislación vigente en su país, y de conformidad con los convenios internacionales suscritos por ella y con el Estatuto de la Organización.

Por tanto, la Secretaría General sólo debe registrar datos y publicar notificaciones o Alertas cuando estas cumplan con todas esas condiciones; no pudiendo publicase si las mismas violan el artículo 3 del Estatuto que prohíbe a la Organización intervenir en cualquier actividad de carácter político, militar, religioso o racial. Con base en ello, la Secretaría General siempre tiene el derecho de rehusarse a registrar datos o a publicar notificaciones o alertas que considere que no se ajustan a las condiciones mencionadas, que sean inconveniente, o que considere riesgosas para la cooperación policial internacional, la organización, su personal o los Estados Miembros.

En particular, sobre las condiciones antes mencionadas, en más detalle, las mismas son las siguientes:

En primer lugar, la solicitud de registro de datos y de publicación de notificaciones o alertas que se formule ante INTERPOL por alguna Oficina Central Nacional, debe siempre y necesariamente formularse *conforme al Estatuto y a las normas de la Organización* aplicables al caso. Por tanto, si la solicitud formulada ante INTERPOL por una Oficina Central Nacional, por ejemplo tiene por objeto la publicación de una notificación de detención o Alerta Roja, la misma al menos debe contener información precisa sobre las particularidades de la identificación de la persona, con detalles completos de identidad, nacionalidad, estado físico, descripción, fotografía, huellas dactilares y otros elementos relevantes de información sobre la persona como ocupación, idiomas, y numero de documento de identidad.

Por otra parte, la solicitud de notificación debe contener la información necesaria sobre la orden judicial emitida, con indicación precisa del crimen o delito de derecho común que se imputa a la persona, las referencias a la ley nacional que fundamenta los cargos o la condena; la pena máxima que se ha impuesto o puede imponerse y, las referencias a la orden de detención o a la sentencia que impone la pena; así como los detalles sobre los países de los cuales el país requirente podría buscar la extradición del fugitivo.

En segundo lugar, la solicitud de registro de datos o la solicitud de publicación de notificaciones, debe necesariamente responder a una de las finalidades dispuestas en los Reglamentos de la Organización, vinculada a la cooperación internacional en materia de delitos comunes, es decir, debe tener por propósito algunas de las finalidades de cooperación en materia de policía internacional en materia de delitos comunes, o cualquier otro propósito legítimo, con el debido respeto de los derechos fundamentales de las personas de conformidad con el artículo 2 del Estatuto de la organización, y la Declaración Universal de Derechos Humanos a la cual remite el referido artículo.

En tercer lugar, la solicitud de registro de información o datos y de publicación de notificaciones o alertas que se formule ante INTERPOL debe ser pertinente y referirse a un asunto que presente un interés concreto para la policía a escala internacional, lo que implica la necesidad de que la solicitud que formule la Oficina Central Nacional ante INTERPOL debe ser motivada, a los efectos de fundamentar la pertinencia de la misma, es decir, la oportunidad o adecuación de la solicitud a las finalidades del registro de información antes mencionadas.

Esto implica que en relación con las personas, la solicitud que se formule ante INTERPOL, además del interés local o nacional que pueda tener el Estado requirente en solicitar, por ejemplo, la detención de una persona, la solicitud debe tener un interés concreto o específico para la policía a escala internacional, debido, por ejemplo, al tipo de crimen cometido o a la peligrosidad del criminal, que amerite la movilización de la policía internacional. Ello implica, sin duda, que estando envueltos los derechos de las personas, la Organización puede evaluar la solicitud con criterios de proporcionalidad entre la limitación a la libertad personal y el objetivo público perseguido.

En cuarto lugar, la solicitud formulada ante INTERPOL no debe perjudicar los fines de la Organización, su imagen o sus intereses, ni la confidencialidad o la seguridad de la información o datos, es decir, la integridad y la confidencialidad de los datos proporcionados y tratados mediante el sistema de información policial. Ello también implica la necesidad de que la Organización evalúe si una solicitud de registro de información o datos, o de publicación de notificaciones o alertas, por ejemplo, por la desproporción entre los hechos que la motivan y el daño que se puede causar a los derechos de una persona, perjudica los fines de la organización, su imagen y sus intereses.

Y en quinto lugar, la solicitud de información, debe ser formulada ante INTERPOL por la fuente de la cual proceda, con arreglo a la legislación vigente en el Estado miembro, y de conformidad con los convenios internacionales suscritos por el mismo y con el Estatuto de la Organización. Esto significa, que la solicitud debe contener suficiente información en torno a la decisión judicial que puede estar, por ejemplo, a la base de la solicitud de publicación de una notificación o Alerta Roja, de manera que se pueda apreciar que fue publicada con sujeción a lo dispuesto en la legislación nacional, tanto sustantiva como adjetiva, de conformidad además, con los convenios suscritos por el Estado, y con el propio Estatuto y Reglamentos de INTERPOL.

Estos requisitos de las solicitudes establecidos en el derecho administrativo global de la organización, dan inicio a dos tipos de procedimiento administrativo constitutivos, uno para el registro de datos o información como parte de la cooperación internacional en materia policial relativa a delitos comunes; y otro para la publicación de notificaciones o alertas por parte de la Organización.

Estos procedimientos se ha denominado de "vigilancia ordinaria" conforme al cual la Secretaría General debe evaluar si están satisfechos en cuanto al cumplimiento de todas las condiciones para procesar la información, es decir, la Secretaría General tiene la obligación de comprobar que en todos esos casos se cumplan todas las condiciones para su registro, entre ellas, el respeto a lo previsto en el artículo 3 del Estatuto, es decir, que se trate de informaciones relativas a delitos comunes y que no se trate de cuestiones relativas a delitos políticos, militares, raciales y religiosos.

En ambos procedimientos constitutivos que se siguen ante la Secretaría General, tratándose de solicitudes de registro o publicación de notificaciones, los mismos siempre implican un intercambio de opiniones, por ejemplo, con la Oficina Central Nacional cuando la misma ha cursado la solicitud, y la verificación de que no tengan por objeto hechos que se refieran a delitos de carácter político, militar, religioso o racial que entren claramente en el ámbito de aplicación del artículo 3 del Estatuto. En todo caso, si al formularse la solicitud surgieren dudas sobre si el registro de datos solicitado o la publicación de la notificación solicitada se refieren efectivamente a materias relativas a delitos comunes o a materias prohibidas conforme a lo dispuesto en el artículo 3 del Estatuto, o sobre si no se cumplen los requisitos de la solicitud establecidos en el Reglamento la Secretaría General, la misma, por una parte, debe consultar con la fuente, y por la otra, debe someter el asunto al estudio de sus propios órganos, entre ellos el de asesoría jurídica.

En esos casos, además, la Secretaría General debe tomar las medidas de protección oportunas para prevenir cualquier daño directo o indirecto que la información pudiera causar a los países miembros, a la Organización o a su personal, con el debido respeto a los derechos fundamentales de las personas a quienes se refiera dicha información, de conformidad con lo dispuesto en el artículo 2 del Estatuto de la Organización y con la Declaración Universal de Derechos Humanos. En consecuencia, si la información por ejemplo encuadra claramente en la categoría de delitos de carácter político, militar, religioso o racial debe rechazar la difusión,[57] y los datos deben destruirse o archivarse cuando no sea posible, sin que puedan ser divulgados.

En todo caso, en el curso de cualesquiera de los dos procedimientos administrativos globales constitutivos, las personas afectadas por los datos de carácter personal que se hayan solicitado registrar o respecto de las cuales se refiera la solicitud de publicación de una notificación o alerta, tienen derecho de intervenir mediante el ejercicio del derecho de petición y de acceso a la información que se les garantiza en los Reglamentos de INTERPOL, cuando se puedan considerar lesionados por las solicitudes, por ejemplo, del Estado miembro del cual son nacionales y que consideren contrarias a las previsiones del derecho administrativo global que regula a la Organización.

En este caso, se trataría de una petición de una persona para oponerse a que se registre un dato o se publique una notificación

---

57   En estos casos de expedientes rechazados, sin embargo, los mismos deben conservarse en físico (papel) y deben introducirse en una base de datos administrativos, con los siguientes elementos: nombre de la persona, Oficina Central Nacional solicitante, motivo de la denegación y fecha de la denegación. En esta forma, si un país envía una nueva información relativa a esa persona, se debe activar una alerta.

que hay requerido una Oficina Central Nacional de un Estado Miembro, por ejemplo, en violación de la normativa de INTER-POL y que pueda lesionar sus derechos individuales; pudiendo formularse la petición con antelación a cualquier registro.

En todos esos casos de solicitud de registro de datos y de publicación de notificaciones, antes de que se efectúe el registro o se acuerdo la publicación, en general intervienen los servicios diversos de la INTERPOL, particularmente si se trata de cuestiones o casos difíciles, por ejemplo, cuando haya habido alguna oposición al registro, o en los casos en los cuales haya dudas sobre si se trata de asuntos relativos a delitos políticos, militares, religiosos y raciales. En esos casos, en particular, el estudio del asunto debe pasar a la Oficina de Asuntos Jurídicos de la Secretaría General; lo que ocurre, en especial, en todos los casos, por ejemplo, de impugnaciones por parte de una Oficina Central Nacional de solicitudes presentadas por otra Oficina Central Nacional; en los casos específicos que tienen una especial repercusión política; en los casos novedosos para la Oficina de Asuntos Jurídicos y que pudieran requerir de un seguimiento particular; en los casos que se refieren a la pertenencia a una organización terrorista y que no estén fundados en delitos de derecho común; o a los casos en los cuales se formule una petición de oposición a la publicación o registro, antes de que se efectúe.

A continuación analizaremos los dos procedimientos administrativos globales constitutivos, que se desarrollan conforme al reglamento RTD para el registro de datos y para la publicación de notificaciones o alertas

2   *El procedimiento administrativo global constitutivo para el re-
    gistro de datos policiales respecto de las personas por la Admi-
    nistración Global*

A. *Legitimación para iniciar el proceso de tratamiento de
    datos, y la licitud, exactitud, transparencia y confidencia-
    lidad del mismo*

Conforme al artículo 11 del RTD, las Oficinas Centrales Nacionales, las entidades nacionales y las entidades internacionales
tienen legitimación suficiente para autorizar el tratamiento de
datos en el Sistema de Información de INTERPOL, lo cual deben
hacer con una finalidad determinada de las establecidas en los
Reglamentos, "con arreglo a la legislación aplicable a la Oficina
Central Nacional, a la entidad nacional y a la entidad internacional," y en todo caso, "respetando los derechos fundamentales de
las personas objeto de la cooperación, de conformidad con el
artículo 2 del Estatuto de la Organización y la Declaración Universal de Derechos Humanos a la que remite dicho artículo."

A tal efecto, dichas Oficinas Centrales Nacionales, entidades
nacionales y entidades internacionales tienen la obligación de
"asegurar la licitud de la recogida e introducción de sus datos en
el Sistema de Información de INTERPOL" (art. 11.2); y igualmente de "asegurar la licitud de la consulta de los datos registrados en el Sistema de Información de INTERPOL" (art. 11.3).

En todo caso, cuando la Oficina Central Nacional, la entidad
nacional o la entidad internacional se dispongan a registrar datos
sobre una persona objeto de cooperación policial internacional,
deben necesariamente precisar la situación de esta, con arreglo a
las diversas situaciones en la cual se pueda encuentre, que se
identifican en el artículo 44 del RTD, así:

"a) Convicto: Persona que, por medio de una resolución judicial, ha sido declarada culpable de un *delito de derecho común*.

b) Acusado: Persona objeto de una acción penal por la presunta comisión de un *delito de derecho común*.

c) Sospechoso: Persona que, en el marco de una investigación policial, es considerada posible autora de un delito, pero que todavía no es objeto de una acción penal.

d) Testigo: Persona no sospechosa que pudiera proporcionar información de interés para la investigación de un delito o la búsqueda de una persona desaparecida.

e) Víctima: Persona que ha sido objeto de un delito.

f) Desaparecido: Persona en paradero desconocido y registrada como desaparecida.

g) Persona no identificada: Persona viva, delincuente o no, a la que se desea identificar.

h) Cadáver por identificar: Persona muerta, delincuente o no, a la que se desea identificar.

i) Fallecido (identificado): Persona sobre la que figuran datos en las bases de datos policiales de INTERPOL tras la confirmación de su fallecimiento.

j) Posible peligro: Persona que puede constituir un peligro para la seguridad pública.

k) Objeto de sanciones impuestas por la ONU: Persona objeto de sanciones decididas por el Consejo de Seguridad de las Naciones Unidas."

En todos estos casos, los datos tratados en el Sistema de Información de INTERPOL, como lo exige el artículo 121 del RTD que regula la "calidad" de los mismos, deben ser "exactos, pertinentes, no excesivos con respecto a las finalidades del tratamiento y actuales, a fin de que puedan ser utilizados por parte de las Oficinas Centrales Nacionales, las entidades nacionales y las entidades internacionales."

A tal efecto, estas entidades son las responsables de la calidad de sus datos en el Sistema de Información de INTERPOL (art. 12.2); correspondiendo a la Secretaría General, crear los mecanismos e instrumentos necesarios para garantizar en todo momento el respeto de dicha finalidad (art. 12.3). Como consecuencia, las Oficinas Centrales Nacionales, las entidades nacionales y las entidades internacionales están obligadas a "verificar la calidad de los datos, antes de proceder a su utilización" (art. 12.4), debiendo, a tal efecto, realizar verificaciones regulares para asegurarse "de que tales datos siguen siendo exactos y pertinentes." (art. 63, RTD).

Corresponde en todo caso a la Secretaría General de INTERPOL, como se dispone en el artículo 24 del RTD, proceder al Registro de datos, así como a la actualización y la eliminación de información en las bases de datos policiales de la Organización, lo que debe hacer: a) en nombre de una fuente que no disponga de acceso al Sistema de Información de INTERPOL; b) por iniciativa propia, cuando se trate de datos que ella haya consultado directamente de fuentes públicas, o bien procedentes de particulares que se hayan puesto en contacto con la Secretaría General o las Oficinas Centrales Nacionales, o de datos resultantes de análisis de datos policiales efectuados por la Secretaría General (conforme al art. 47, RTD); c) a título excepcional, a petición y en nombre de una Oficina Central Nacional, una entidad nacional o una entidad internacional que dispongan de acceso directo al Sistema de Información de INTERPOL (art. 24 1, RTD).

En todo caso, la Secretaría General solo puede registrar información en nombre de las fuentes que no dispongan de acceso al Sistema de Información de INTERPOL, o por iniciativa propia, si previamente se han establecido procedimientos de actualización y eliminación de datos (art. 24.2).

Lo anterior sin perjuicio del derecho de la Secretaría General de registrar datos por su propia iniciativa, de fuentes distintas de las antes mencionadas, con finalidades tales como ayudar en una investigación policial, completar los datos ya registrados en el Sistema de Información de INTERPOL o en el contexto de los análisis de datos policiales que deba efectuar, siempre que conforme lo regula el artículo 47, la Secretaría General se haya asegurado de que los datos son conformes con las condiciones generales para su registro dispuestas en el RTD, en particular por lo que toca al principio de calidad establecido en el artículo 12. En estos casos, la Secretaría General es considerada como la fuente de los datos, y es la que debe garantizar la evaluación y la actualización periódica de los mismos (arts. 46, 49, 50 y 51 RTD).

B. *Las finalidades del registro y tratamiento de datos en materia de cooperación internacional*

Las finalidades de la cooperación policial para las cuales se ha instituido el sistema de tratamiento de información de la IN-TERPOL, conforme al artículo 10.2 del RTD, y a las cuales deben adaptarse las Oficinas Centrales Nacionales y los órganos de INTERPOL, en relación con infracciones de derecho común y en el marco del respeto a los derechos fundamentales de las personas, conforme a los artículos 2 y 3 del Estatuto, son exclusivamente las siguientes:

a) la búsqueda de personas con miras a su detención o a la limitación de sus desplazamientos;

b) la localización de personas u objetos de interés para la policía;

c) el suministro o la obtención de información sobre una investigación policial o sobre las actividades delictivas de una persona;

d) la puesta sobre aviso en cuanto a una persona, un suceso, un objeto o un modus operandi relacionado con actividades delictivas;

e) la identificación de personas o cadáveres;

f) la realización de análisis de policía científica;

g) la organización de controles de seguridad; y

h) la determinación de peligros y tendencias de la delincuencia y la identificación de redes delictivas.

Tanto las Oficinas Centrales Nacionales, como las entidades nacionales y las entidades internacionales que autoricen el registro deben respetar tales finalidades cuando utilicen los datos (art. 10.5, RTD), siendo excepcional la posibilidad de tratamiento de los datos por parte de las Oficinas Centrales Nacionales, las entidades nacionales y las entidades internacionales con otras finalidades enmarcadas en la cooperación policial internacional o con fines administrativos, lo cual solo está permitido si es conforme con los objetivos y actividades de la Organización y no es incompatible con la finalidad inicial del tratamiento de los datos en el Sistema de Información de INTERPOL (art. 10.6, RTD).

Para asegurar el cumplimiento de la finalidad del tratamiento de datos, las Oficinas Centrales Nacionales, las entidades nacionales y las entidades internacionales se deben encargar de determinar dicha finalidad, y deben proceder a la reevaluación regular de la misma, en particular cada vez que se haya podido cumplir dicha finalidad. Por su parte, la Secretaría General debe crear los mecanismos e instrumentos necesarios para garantizar en todo momento el respeto de dicha finalidad (art. 10.3) asegurándose de que los datos policiales de la Organización sean conformes con el RTD, o para evitar un tratamiento no autorizado o erróneo de los datos contenidos en la base de datos (art. 125, RDT).

Debe mencionarse, por último, que los datos podrían ser tratados con cualquier otro "fin legítimo," distinto de la cooperación policial internacional, como sería, de acuerdo con el artículos 132 del Reglamento, la defensa de los intereses de la Organización, de los Miembros o de su personal, especialmente en el marco de procedimientos litigiosos o pre-litigiosos, y de acuerdos extrajudiciales; la investigación y la publicación de carácter científico, histórico, estadístico o periodístico; y la elaboración de estadísticas.

C. *Límites y condiciones para el tratamiento de datos y de información*

En el marco de las finalidades antes indicadas, y de acuerdo con el artículo 26,b del Estatuto, la Secretaría General de INTERPOL es el "centro internacional de la lucha contra la delincuencia internacional de derecho común," el cual tiene a su cargo el tratamiento de datos para la cooperación policial internacional, conforme a las previsiones del mencionado Reglamento de Interpol sobre Tratamiento de Datos (RTD); el cual reitera, que dicho tratamiento de información solo puede "efectuarse con una finalidad determinada, explícita y conforme con los objetivos y actividades de la Organización," (art. 10.1 RTD), y además, con respeto al Estatuto de la Organización.

Para ello, el artículo 34 del RTD, precisa las siguientes condiciones generales de funcionamiento en cuanto a las modalidades del tratamiento de datos, que deben llevarse a cabo, como se ha dicho anteriormente "en el marco de las normas generales que rigen el funcionamiento de la Organización, en particular de su

Estatuto," (art. 5 RTD), lo que implica que de acuerdo a esta última norma:

1. Antes de registrar cualesquiera datos en una base de datos policial, la Oficina Central Nacional, la entidad nacional o la entidad internacional deben asegurarse de la conformidad de dichos datos con el artículo 2 del Estatuto de la Organización, y en particular, si están autorizadas a efectuar ese registro dentro del marco de las leyes nacionales y los convenios internacionales que se les aplican, y de los derechos fundamentales de las personas, de conformidad con la Declaración Universal de Derechos Humanos a la que remite dicho artículo (art. 34.1, RTD).

2. Antes de registrar cualesquiera datos en una base de datos policial, la Oficina Central Nacional, la entidad nacional o la entidad internacional deben asegurar la conformidad de dichos datos con el artículo 3 del Estatuto de la Organización (art. 34.2, RTD).

Para asegurarse del cumplimiento de estas condiciones, conforme al artículo 34.3 RTD, la Secretaría General debe elaborar y poner a disposición de las Oficinas Centrales Nacionales, las entidades nacionales y las entidades internacionales, un archivo de prácticas sobre la aplicación del artículo 3 del Estatuto, basándose en las directrices marcadas por la Asamblea General, los cambios que se produzcan en el ámbito del derecho internacional y otras circunstancias pertinentes, en particular: sobre a) el tipo de delito, concretamente los cargos y los hechos ocurridos; b) la situación de las personas; c) la identidad de la fuente de los datos; d) la postura manifestada por otra Oficina Central Nacional o por otra entidad internacional; e) las obligaciones impuestas por el derecho internacional; f) las repercusiones para la neutralidad de la Organización; y g) el contexto del caso.

Por otra parte, los Estados Miembros de INTERPOL se deben esforzar "por intercambiar un máximo de información que presente un interés para la cooperación policial internacional, dentro del respeto a la neutralidad política, la independencia y al mandato de la Organización, a sus respectivas legislaciones nacionales y a los convenios internacionales de los que sean parte,"(art. 5.4 RTD), razón por la cual, "antes de registrar cualesquiera datos en una base de datos policial, la Oficina Central Nacional, la entidad nacional o la entidad internacional deberá asegurarse del interés que los datos presentan para la cooperación policial internacional" (art. 35, RTD).

El respeto de esta última condición de registro se debe evaluar teniendo en cuenta: a) las finalidades específicas de la cooperación policial internacional enunciadas en el artículo 10.2 del RTD, conforme se indica más adelante; y b) el carácter internacional de los datos y, en particular, en qué medida las Oficinas Centrales Nacionales, las entidades nacionales o las entidades internacionales distintas de la fuente podrán utilizarlos.

Una vez registrados los datos, siempre que sea necesario, y al menos una vez al año, la Secretaría General debe recordar a las Oficinas Centrales Nacionales y a las entidades internacionales sus funciones y responsabilidades en relación con los datos que tratan en el Sistema de Información de INTERPOL (art. 131.4).

Sobre el tratamiento de la información que maneja INTERPOL, el RTD define los siguientes términos que son los generalmente empleados:

La *"fuente"* de la información o de los datos, se refiere a "toda Oficina Central Nacional que trate datos en el Sistema de Información de INTERPOL o a nombre de la cual se traten datos en dicho sistema y que, en última instancia, sea responsable de ellos; o toda entidad internacional o privada cuyos datos se traten en el citado Sistema de Información, siendo esta, en última instancia, la responsable de dichos datos" (art. 1.6).

La *Oficina Central Nacional*, es "todo organismo designado por un país para desempeñar las funciones de enlace previstas en el artículo 32 del Estatuto de la Organización"[58] (art. 1.7).

La "*Entidad internacional*," es: "toda organización internacional, intergubernamental o no gubernamental, que desempeñe una función de interés público a escala internacional, que haya suscrito un acuerdo con la Organización en materia de intercambio de datos y a la que la Organización decida conceder un acceso directo o indirecto a parte del Sistema de Información de INTERPOL" (art. 1.9).

La "*solicitud de cooperación internacional*," se refiere a "todo trámite efectuado a través del Sistema de Información de INTERPOL en virtud del cual una Oficina Central Nacional, una entidad internacional o la Secretaría General solicitan oficialmente la asistencia de uno o varios Miembros de la Organización, con miras a llevar a cabo una actuación específica conforme con los objetivos y actividades de la Organización" (art. 1.11 RTD).

"*Alerta internacional*," es "todo trámite efectuado a través del Sistema de Información de INTERPOL en virtud del cual una Oficina Central Nacional, una entidad internacional o la Secretaría General avisan oficialmente a uno o varios Miembros de la Organización de peligros específicos que se ciernen sobre la seguridad pública, las personas o los bienes"(art. 1.12).

---

58   "Artículo 32: A fin de conseguir esta cooperación, cada país designará a un organismo que actuará en su territorio como Oficina Central Nacional. Este organismo se encargará de mantener el enlace: a) con los diversos servicios del país; b) con los organismos de otros países que actúen como Oficinas Centrales Nacionales; c) con la Secretaría General de la Organización."

"Notificación" es "toda solicitud de cooperación internacional o toda alerta internacional publicadas por la Organización a petición de una Oficina Central Nacional o una entidad internacional, o por iniciativa de la Secretaría General, y dirigidas al conjunto de los Miembros de INTERPOL" (art. 1.13, RTD).

"Difusión" es "toda solicitud de cooperación internacional o toda alerta internacional procedentes de una Oficina Central Nacional o una entidad internacional, enviadas directamente a una o más Oficinas Centrales Nacionales o a una o más entidades internacionales y registradas simultáneamente en una base de datos policial de la Organización" (art. 1.14 RTD).

Y *"Mensaje"* es "toda solicitud de cooperación internacional, toda alerta internacional o todos los datos que una Oficina Central Nacional o que una entidad internacional dotada de competencias en materia de investigación y enjuiciamiento penal decide enviar directamente a una o más Oficinas Centrales Nacionales o a una o más entidades internacionales a través del Sistema de Información de INTERPOL pero que, salvo indicación contraria, prefiere no registrar simultáneamente en una base de datos policial de la Organización" (art. 1.15, RTD).

D. *Los principios de temporalidad, transparencia y confidencialidad del tratamiento de datos*

De acuerdo con el Reglamento de Tratamiento de Información, el registro de datos está regido por los siguientes principios de temporalidad, trasparencia y confidencialidad:

El *primer principio* que condiciona el tratamiento de la información policial, o de datos de las personas, es el de *temporalidad*, en el sentido de que los datos de carácter personal registrados en el sistema de tratamiento de información de INTERPOL sólo se pueden conservar en las bases de datos policiales de la

Organización durante el tiempo necesario para cumplir la finalidad para la que fueron registrados. A tal efecto, el artículo 49 RTD dispone que los datos se deben registrar por un periodo inicial máximo de cinco años, contados a partir de la fecha de registro de los datos, a menos que las disposiciones contempladas en las leyes nacionales establezcan un plazo inferior o que se cumpla la finalidad prevista.

El *segundo principio* previsto en el artículo 13.1 RTD es el de la *transparencia*, que obliga a que el tratamiento de los datos en el Sistema de Información de INTERPOL deba siempre garantizar, en todo momento, a las Oficinas Centrales Nacionales, las entidades nacionales y las entidades internacionales el respeto de sus "derechos de tratamiento," correspondiendo a la Secretaría General la responsabilidad de asegurar "la trasparencia de los procesos de tratamiento de datos y del funcionamiento de las bases de datos de la Organización" (art. 13.2, RTD).

Finalmente, el *tercer principio* que condiciona el tratamiento de datos en el sistema de INTERPOL, es el de la *confidencialidad* de los datos, que debe determinarse "en función de los riesgos que su divulgación entrañe para las personas objeto de la cooperación, las fuentes de dichos datos y la Organización," estableciéndose el principio de que "los datos solo deberán ser accesibles a las personas habilitadas para conocerlos" (art. 14, RTD)

E. *La actualización, evaluación, eliminación y conservación temporal de la información*

La información policial internacional almacenada en las bases de datos del sistema de cooperación de INTERPOL, y que se pueden difundir internacionalmente para el cumplimiento de sus funciones de cooperación, debe ser actualizada y sometida a evaluación periódica, y puede ser modificada, bloqueada o destruida o conservada temporalmente.

En *primer lugar*, en cuanto a la *actualización*, como lo precisa el artículo 46 del RTD, la Oficina Central Nacional respectiva que haya registrado los datos en el sistema está obligada a actualizarlos con regularidad, y eliminarlos cuando el registro de los datos haya alcanzado la finalidad que lo motivó. Dichos datos, en ese caso, solo se pueden actualizarse o conservarse en la base de datos policial de la Organización, si la Oficina Central Nacional, la entidad nacional o la entidad internacional que los registró, determina la existencia de una nueva finalidad para registrarlos y justifica este cambio de finalidad. En tal caso, la Oficina Central Nacional, la entidad nacional o la entidad internacional que actualice los datos, debe velar por el respeto de las condiciones para su registro, antes referidas.

Asimismo, la Oficina Central Nacional, la entidad nacional o la entidad internacional que registre datos puede en todo momento modificar en el registro, el periodo inicial de conservación de los datos; su grado de confidencialidad; las restricciones de acceso a los datos; las condiciones para su consulta; y las condiciones para su uso (at. 46.4, RTD)

En *segundo lugar*, en cuanto a la *evaluación periódica*, una vez haya vencido el plazo inicial de conservación de los datos la Oficina Central Nacional y con miras a evaluar de nuevo la finalidad de su tratamiento y su calidad, la entidad nacional o la entidad internacional que haya registrado los datos deberá examinar la necesidad de conservarlos y, si procede, comprobar que se siguen cumpliendo las condiciones necesarias para el registro.

En estos casos de vencimiento del plazo, conforme se regula en el artículo 50 RTD, la Secretaría General se debe poner en contacto con la Oficina Central Nacional, la entidad nacional o la entidad internacional que registró los datos, como muy tarde seis meses antes de que venza el plazo inicial de conservación, a fin de solicitarle que estudie la necesidad de conservarlos, a cuyo efecto el artículo 50.3 le exige a la Secretaría General que precise si los datos guardan relación con otros procedentes de la misma Oficina Central Nacional o de la misma entidad; si los datos se tratan en el marco de un proyecto de análisis; si los datos se refieren a un tipo de delito grave o a un ámbito delictivo concreto sobre el cual la Secretaría General aplica unas directrices específicas de conservación establecidas por la Asamblea General.

Si la Oficina Central Nacional, la entidad nacional o la entidad internacional concluyen que es necesario conservar los datos, deben entonces precisar los motivos que justifiquen esa conservación. En ese caso, el registro se debe prolongar por un nuevo periodo de un máximo de cinco años, a menos que las disposiciones contempladas en las leyes nacionales establezcan un plazo inferior o que se cumpla la finalidad prevista (art. 50.4).

Si la Oficina Central Nacional, la entidad nacional o la entidad internacional concluye que se ha alcanzado la finalidad del registro inicial de los datos, pero su conservación en las bases de datos policiales de la Organización sigue presentando un interés para la cooperación policial internacional, en particular si corresponde a uno de los tres casos enunciados anteriormente, se debe determinar una nueva finalidad para su registro y justificar el cambio de finalidad. En este caso, el registro de los datos se debe prolongar por un nuevo periodo de un máximo de cinco años, a menos que las disposiciones contempladas en las leyes nacionales establezcan un plazo inferior o que se cumpla la nueva finalidad prevista. En estos casos, la Oficina Central Nacional, la entidad nacional o la entidad internacional que decida conservar los datos está obligada a velar por que se sigan cumpliendo las condiciones para su registro.

En *tercer lugar*, en cuanto a la *eliminación* de datos, regulada en el artículo 51 RTD, si la Oficina Central Nacional, la entidad nacional o la entidad internacional deciden no conservar los datos, estos deben ser eliminados automáticamente. También se deben eliminar los datos automáticamente, como antes se dijo, si al vencer su plazo inicial de conservación, la Oficina Central Nacional, la entidad nacional o la entidad internacional no se ha pronunciado sobre la necesidad de conservarlos.

Ahora bien, una vez se ha alcanzado la finalidad para la cual se registraron los datos, la Oficina Central Nacional, la entidad nacional o la entidad internacional que procedió a su registro debe eliminarlos de la base de datos policial, a menos que decida establecer una nueva finalidad para su registro y justifique este cambio de finalidad (art. 51.3, RTD).

Por su parte, dispone el artículo 51.4 que "si la Secretaría General dispone de elementos pertinentes y concretos" que permitan considerar que se ha alcanzado la finalidad para la cual se registraron los datos o que estos ya no cumplen las condiciones mínimas para su registro, debe solicitar a la Oficina Central Nacional, la entidad nacional o la entidad internacional que los haya registrado que evalúe lo antes posible la necesidad de conservarlos. No indica la norma cómo puede llegar la secretaría a dicha conclusión, lo que sin duda puede ser por iniciativa propia por evaluación periódica del tratamiento de datos, o a requerimiento de la persona afectada, que siempre tiene derecho de acceso a la información como se indica más adelante.

En todo caso en el que la Secretaría General elimine los datos registrados por una Oficina Central Nacional, una entidad nacional o una entidad internacional relativos a una persona objeto de una solicitud de cooperación internacional o incluso de una alerta, debe informar a la Oficina Central Nacional o a la entidad internacional que los registró e indicará las razones de la operación realizada.

En estos casos de eliminación de datos de una base de datos de la Organización, también se debe eliminar cualquier copia de estos existente en el Sistema de Información de INTERPOL, a menos que se cuente con el consentimiento expreso de la Oficina Central Nacional, de la entidad nacional o de la entidad internacional que haya efectuado el registro inicial de dichos datos (art. 51.6).

Sin embargo, cuando la destrucción de datos resulte imposible por el coste y el volumen de trabajo que ello ocasione, la Secretaría General debe tomar las medidas apropiadas para hacerlos inutilizables, para impedir el acceso a ellos y su uso en una investigación policial, o para que conste claramente que a partir de ese momento dichos datos deben considerarse inexistentes; de todo lo cual debe informar a la Comisión de Control de los Ficheros (art. 51.7, RTD).

En *cuarto lugar*, sobre la *conservación temporal* de antecedentes policiales, el artículo 52 RTD establece que cuando una Oficina Central Nacional, una entidad nacional o una entidad internacional retire una alerta o una solicitud de cooperación internacional contra una persona convicta, acusada, sospechosa o potencialmente peligrosa, puede decidir sin embargo, que se conserven temporalmente los datos relacionados con dicha persona con miras a informar sobre sus antecedentes policiales. Sin embargo, la conservación temporal de los antecedentes policiales está prohibida en el caso de personas registradas inicialmente como convictas, acusadas, sospechosas o potencialmente peligrosas que hayan dejado de estar encausadas por los hechos que justificaron el registro de los datos sobre ellas. En todo caso, la Oficina Central Nacional, la entidad nacional o la entidad internacional que conserve los datos con fines exclusivamente informativos se debe asegurar de que la conservación es lícita con arreglo a la legislación nacional; y la entidad internacional de que la conservación es lícita con arreglo a la normativa que le sea aplicable.

En estos casos de conservación, se debe precisar la finalidad de este registro, de tal manera que los datos no se puedan confundir con los relativos a personas objeto de una solicitud de cooperación internacional; y en todo caso, estos datos solo se pueden conservar por un periodo inicial máximo de diez años contados a partir del momento en el cual la Oficina Central Nacional, la entidad nacional o la entidad internacional indiquen que se ha alcanzado la finalidad inicial, a menos que las disposiciones contempladas en las leyes nacionales establezcan un periodo inferior. Una vez vencido dicho plazo los datos se deben eliminar automáticamente, a no ser que la Oficina Central Nacional, la entidad nacional o la entidad internacional decidan conservarlos con fines orientativos de conformidad con el artículo 53 RTD..

De todo lo anterior resulta, por tanto, en resumen que la Secretaría General puede modificar, bloquear o destruir la información contenida en los ficheros, lo que puede ocurrir a petición de la fuente de la información (por ejemplo, de una Oficina Criminal Nacional), o a iniciativa propia cuando tenga elementos pertinentes y concretos que lo justifiquen, incluso a petición de la persona interesada. En este caso, la Secretaría General después de comprobar si los datos reúne las condiciones para su tratamiento; debe proceder a consultar a la fuente, por ejemplo, las Oficinas Centrales Nacionales a las que pudiera afectar la operación y debe en consecuencia tomar todas las medidas oportunas para determinar la posibilidad y la necesidad de proceder a la operación solicitada.

Con base en ello, es por tanto la Secretaría General, como Administración global y conforme a la misma norma del **RTD**, el órgano competente para modificar, bloquear o destruir una información, incluso por su propia iniciativa si dispone de datos pertinentes y concretos que permitan considerar que en caso de conservarse la información o mantenerse las condiciones para su acceso se podría dejar de respetar alguno de los criterios para el tratamiento de datos dispuestos en el Reglamento o en los textos a los que éste hace referencia, o que pudiera redundar en perjuicio de la cooperación policial internacional, la Organización, su personal o de los derechos fundamentales de la persona a quien se refiera dicha información, con arreglo al artículo 2 del Estatuto de la Organización.

3. *El procedimiento administrativo global constitutivo respecto de las notificaciones o alertas publicadas por la INTERPOL*

A. *Las solicitudes de publicación de Alertas o Notificaciones por parte de INTERPOL y la legitimación activa para ello*

El tratamiento de datos por parte de INTERPOL, como se ha visto, tiene entre sus finalidades, de acuerdo con los artículos 10 y 44 del RTD: a) la búsqueda de personas condenadas o acusadas por delitos de derecho común con miras a su detención o a la limitación de sus desplazamientos; b) la localización de personas u objetos de interés para la policía; c) el suministro o la obtención de información sobre una investigación policial o sobre las actividades delictivas de una persona; d) la puesta sobre aviso en cuanto a una persona, un suceso, un objeto o un *modus operandi* relacionado con actividades delictivas; e) la identificación de personas o cadáveres; f) la realización de análisis de policía científica; g) la organización de controles de seguridad; y h) la determinación de peligros y tendencias de la delincuencia y la identificación de redes delictivas

Con tal motivo, y ajustándose a dichas finalidades, en la normativa que rige a la Organización se han establecido un *sistema de notificaciones o alertas* (*Notices*) de INTERPOL que consta de distintos tipos, que son publicadas con arreglo a las mismas antes indicadas finalidades específicas, y a tal efecto son clasificadas por un *sistema de colores*, a las que se agregar además otras notificaciones especiales publicadas en el marco de una cooperación concreta que no correspondan a ninguna de las finalidades antes indicadas (art. 72.1, RTD). El sistema de notificaciones solo pueden ser creadas con aprobación de la Asamblea General, con previo dictamen de la Comisión de Control de los Ficheros si la notificación "incluye datos de carácter personal o vinculados a datos de este tipo" (art. 72.2 RTD).

La publicación de estas notificaciones o alertas las emite la Secretaría General de la Organización, a solicitud de las Oficinas Centrales Nacionales o las entidades internacionales, (art. 73, RTD), siendo por tanto dicha Secretaría General la encargada de publicar en nombre de la Organización, todas las notificaciones solicitadas por las mencionadas Oficinas Centrales Nacionales o las entidades internacionales.

Dichas solicitudes de publicación de notificaciones que formulen las Oficinas Centrales Nacionales o las entidades internacionales, se deben presentar ante la Secretaría General en alguna de las lenguas de trabajo de la Organización, y en todo caso, conforme al artículo 75.2 del RTD, en las mismas las entidades solicitantes deben asegurarse de lo siguiente:

"a) de la calidad y la licitud de los datos que proporciona para apoyar su solicitud;

b) de las condiciones de publicación del tipo de notificación que solicita;

c) del interés de los datos para la cooperación policial internacional; y

d)   de la conformidad de su solicitud con la normativa de INTERPOL, en particular con los artículos 2(1) y 3 del Estatuto de la Organización, y con las obligaciones que el derecho internacional le impone."

B. *Los tipos de Notificaciones o Alertas publicadas por IN-TERPOL*

Las mencionadas notificaciones o alertas reguladas en el derecho administrativo global que rige a la INTERPOL, en particular en el Reglamento sobre el Tratamiento de Datos, que sirven para alertar a las policías de los Estados Miembros sobre fugitivos, sospechosos de terrorismo, criminales peligrosos, personas desaparecidas o amenazas armadas, en la actualidad se encuentran clasificadas en cinco tipos de Alerta, identificadas con los siguientes colores: rojo, azul, verde, amarillo, negro, morado y naranja.

Además, existe una Notificación sobre obras de arte robadas, y notificaciones especiales de la Organización y del Consejo de Seguridad, por ejemplo respecto de grupos de individuos que son objeto de sanciones por parte de Naciones Unidas, como Al Quaeda y el Talibán.

Las Notificaciones o Alertas son las siguientes:

La ***Notificación o Alerta Roja,*** que se puede publicar a petición de una Oficina Central Nacional o de una entidad internacional dotada de competencias en materia de investigación y enjuiciamiento penal, y que debe estar referida al ámbito general de las infracciones de derecho común, tienen por objeto "solicitar la localización de una persona buscada y su detención o limitación de desplazamientos con miras a su extradición, entrega o aplicación de otras medidas jurídicas similares (art. 82, RTD).

La *Notificación o Alerta Azul* se publica con miras a obtener información , localizar o identificar una persona que presente un interés para una investigación policial (art. 88, RTD).

La *Notificación o Verde* se publica para dar la alerta sobre las actividades delictivas de una persona (art. 89.1, RTD).

La *Notificación o Alerta Amarilla* se publica para localizar personas desaparecidas, o descubrir la identidad de personas incapaces de identificarse a sí mismas (Art. 90.1, RTD).

La *Notificación o Alerta Negra* se publica para identificar cadáveres (Art. 91.1, RTD).

La *Notificación o Alerta Morada* se publica para alertar sobre modus operandi, objetos, dispositivos o procedimientos de camuflaje utilizados por delincuentes; o para solicitar información sobre hechos delictivos para lograr su elucidación (Art. 92.1, RTD).

La *Notificación o Alerta Naranja* se publica para dar la alerta en relación con un acontecimiento, una persona, un objeto, un procedimiento o un modus operandi que suponga un peligro inminente para la seguridad pública y pueda ocasionar daños graves a personas o bienes (Art. 93.1, RTD).

La *Notificación o Alerta sobre obras de arte robadas* se publica con miras a localizar obras de arte u objetos de valor cultural que hayan sido robados, o identificarlos si se han descubierto en circunstancias sospechosas (Art. 94.1, RTD).

Finalmente están las *Notificaciones o Alertas Especiales de Interpol y el Consejo de Seguridad de Naciones Unidas,* que se publican para informar a los Miembros de la Organización sobre una persona o entidad objeto de las sanciones impuestas por el Consejo de Seguridad (art. 95.1).

Todas estas Notificaciones o Alertas son publicadas por la Secretaría General en la página web (*website*) de la INTERPOL, a requerimiento de las Oficinas Nacionales Centrales o de entidades internacionales, en todos los idiomas de trabajo de la Organización: Árabe, Inglés, Francés y Español.

C. *Las diversas condiciones generales que deben cumplirse para la emisión de notificaciones o alertas por parte de INTERPOL*

Para la emisión de cada tipo de notificaciones o alertas, en el derecho administrativo global de la INTERPOL se han establecido determinadas condiciones de publicación, que equivalen, como mínimo a las condiciones generales de registro exigidas para los datos personales en las bases de datos de la Organización (art. 72.3, RTD).

A tal efecto, al recibir cualquier solicitud de publicación de una notificación o alerta, la Secretaría General, conforme a lo exigido en el artículo 73.2, del RTD, entre otras obligaciones, tiene la de comprobar que toda solicitud de publicación de notificaciones se ajuste al Reglamento de Interpol de Tratamiento de Datos y proceder lo antes posible a la publicación de "toda solicitud que considere conforme."

Además, la Secretaría General debe registrar simultáneamente en una base de datos de la Organización todas las notificaciones publicadas a fin de permitir su consulta directa a las Oficinas Centrales Nacionales, las entidades nacionales y las entidades internacionales en función de los derechos de acceso que se les haya concedido; y velar por que las notificaciones publicadas sigan cumpliendo las condiciones de publicación y sean objeto de una evaluación periódica por parte de las Oficinas Centrales Nacionales o las entidades internacionales que hayan solicitado su publicación.

Para esto último, la Secretaría General debe revisar periódicamente las notificaciones y consultar con las Oficinas Centrales Nacionales y a las entidades internacionales solicitantes, así como a otras Oficinas Centrales Nacionales.

Es decir, una vez recibida la solicitud de publicación de una notificación o alerta, corresponde a la Secretaría General comprobar que la misma se ajusta el Reglamento RTD y proceder lo antes posible a la publicación de toda solicitud que considere conforme (art. 73.2 RTD) Para ello, como se dijo, la Secretaría General debe realizar un estudio de la solicitud para examinar su conformidad con el RTD, debiéndose abstener conforme al artículo 76.2 RTD, de publicar una notificación en nombre de la Organización, cuando:

a) Los datos proporcionados no cumplen las condiciones para la publicación de notificaciones.

b) La publicación de dicha notificación no presenta un interés para la cooperación policial internacional, lo cual debe examinarse teniendo en cuenta la posibilidad de que la solicitud pueda ser tratada por el conjunto de los Miembros de la Organización; o cuando,

c) La publicación de la notificación puede perjudicar la imagen o los intereses de la Organización.

Mientras la Secretaría General procede a efectuar la revisión mencionada de las solicitudes de publicación de notificaciones, las mismas deben registrarse temporalmente en una base de datos de la Organización, donde se debe añadir una mención adicional a dichas solicitudes para que al consultarlas, se reconozca que han sido registradas como tales y no puedan confundirse con las notificaciones ya publicadas (art. 76.3, RTD).

En los casos en los cuales la Secretaría estime que una solicitud de publicación de una notificación está incompleta, como se dispone en el artículo 77, la Oficina Central Nacional o la entidad internacional solicitante debe presentar, lo antes posible y tras haber consultado con la Secretaría General, todos los datos adicionales necesarios para la publicación de la notificación. Cuando los datos facilitados sean insuficientes para permitir la publicación de la notificación solicitada, cuando sea posible, la Secretaría General puede proponer a la Oficina Central Nacional o a la entidad internacional solicitante la publicación de otras notificaciones distintas a la solicitada, siempre y cuando los datos insuficientes suministrados correspondan a las finalidades y condiciones necesarias para publicar una notificación de otro tipo (art. 77.2, RTD).

Si se han cumplido con todos los requisitos establecidos en el Reglamento, conforme al artículo 78 RTD, la Secretaría General debe proceder a publicar las notificaciones solicitadas, las cuales están dirigidas a todas las Oficinas Centrales Nacionales según las modalidades siguientes:

a) la publicación de las notificaciones se debe comunicar a las Oficinas Centrales Nacionales el mismo día de su publicación;

b) las Oficinas Centrales Nacionales pueden consultar todas las notificaciones directamente en una base de datos policiales de la Organización, a condición de que se cumplan las medidas cautelares que la Secretaría General se deben adoptar, de acuerdo con el artículo 129 RTD, cuando haya duda con respecto al cumplimiento de las condiciones de tratamiento de los datos, a los efectos de "prevenir cualquier daño directo o indirecto que los datos pudieran causar a la Organización, su per-

sonal, sus países miembros, las Oficinas Centrales Nacionales, las entidades nacionales, las entidades internacionales *o las personas a quienes se refieran dichos
datos.*"

A los efectos de la aplicación de las notificaciones, corresponde a las Oficinas Centrales Nacionales enviar a todas las autoridades nacionales pertinentes, lo antes posible y de conformidad
con su legislación nacional, todos los datos facilitados en las notificaciones que reciban y toda actualización en relación con estas.
También debe a Oficina Central Nacional enviar a la Oficina
Central Nacional y a la entidad internacional solicitantes, así como a la Secretaría General, todos los datos disponibles sobre la
persona o el asunto objeto de la notificación publicada, en particular cuando dichos datos permitan alcanzar la finalidad de la
notificación; las entidades nacionales enviarán estos datos por
conducto de la Oficina Central Nacional correspondiente; y a la
Secretaría General, cualquier dato que pueda suscitar dudas en
cuanto a la conformidad de una notificación con el Reglamento
(art. 79.1).

En todo caso, corresponde a la Oficina Central Nacional o la
entidad internacional que solicita la notificación, el velar por que
los datos que haya facilitado en la notificación o en los que esta
se base sigan siendo exactos y pertinentes; y el velar porque sus
servicios envíen a la Secretaría General los datos que supongan
una modificación del contenido de la notificación publicada, y
evalúen si las modificaciones imponen la retirada de la notificación (Art. 79.2, RTD).

De acuerdo con todo lo analizado anteriormente, por tanto, la
publicación de notificaciones o alertas formuladas ante INTER-
POL, sólo puede efectuarse cuando las solicitudes "acumulativamente:"

(i)   se formulen conforme al Estatuto y a los reglamentos de INTERPOL, en particular conforme a lo previsto en el artículo 2.1 del Estatuto ("dentro del marco de las leyes de los diferentes países y del respeto a la Declaración Universal de Derechos Humanos;" y el artículo 3 del Estatuto ("Está rigurosamente prohibida a la Organización toda actividad o intervención en cuestiones o asuntos de carácter político, militar, religioso o racial"), y con las obligaciones que el derecho internacional le impone al solicitante;

(ii) esté asegurada la calidad y licitud de los datos suministrados para apoyar la solicitud;

(iii) responda a alguna de las finalidades dispuestas en el mencionado Reglamento;

(iv) cumpla con las condiciones dispuestas para la publicación;

(v)   presente un interés para la cooperación policial internacional;

(vi) no perjudique la imagen o los intereses de la Organización; y

(vi) sea efectuada por la fuente de la que proceda, con arreglo a la legislación vigente en su país, y de conformidad con los convenios internacionales suscritos por ella y con el Estatuto de la Organización.

D. *Condiciones especiales para las solicitudes de notificaciones por INTERPOL en los casos referidos a las personas*

Pero específicamente, además de las condiciones generales ya mencionadas, para que se pueda publicar una Notificación o Alerta específica, el Reglamento de Interpol sobre Tratamiento de

Datos establece condiciones particulares para cada una de ellas. En particular, respecto de las solicitudes de Notificaciones que afectan los derechos de las personas, como son las Notificaciones Roja, Azul y Verde, en el Reglamento se establecieron las siguientes condiciones específicas:

a. *Alerta o Notificación Roja*

a'. *Condiciones mínimas*

De acuerdo con lo previsto en el artículo 83.1 del Reglamento RTD, las siguientes son las condiciones mínimas que se deben cumplir para que se pueda ordenar la publicación de Alertas o Notificaciones Rojas, que son de carácter "cumulativo:"

En primer lugar, que "el acto en cuestión constituye un *delito grave de derecho común*," de manera que no se pueden publicar notificaciones rojas por las siguientes categorías de delitos: "delitos que, en varios países miembros, susciten controversias debido a que están relacionados con normas culturales o de comportamiento;" "delitos relacionados con asuntos familiares o privados;" y "delitos derivados tanto de la infracción de leyes o normas de carácter administrativo como de litigios privados, a menos que la actuación delictiva esté encaminada a facilitar un delito grave o se sospeche que está conectada con la delincuencia organizada." A estos efectos, la Secretaría General debe mantener actualizada y debe compartir con los países miembros una lista no exhaustiva de los delitos que entran en estas categorías, y la debe comunicar a las Oficinas Centrales Nacionales y a las entidades internacionales.

De esta primera condición especial resulta, por ejemplo, que una Notificación o Alerta Roja no puede solicitarse ni debe publicarse cuando de lo que se trata es de requerir la comparecencia de una persona a un proceso penal, por ejemplo, en calidad de testigo, sino que tiene que tratarse de una persona acusada, que esté procesada, o que haya sido condenada por un delito de derecho común, que además, ha de ser un delito "grave."

En segundo lugar, en cuanto al *límite de pena*, el Reglamento establece que "si se busca a la persona para un proceso penal, el hecho por el que se la busca debe constituir un delito punible con una pena de privación de libertad máxima de al menos dos años, o con una pena más grave;" y "si se busca a la persona para el cumplimiento de una condena penal, la pena impuesta debe ser al menos de seis meses de privación de libertad, o bien le queda por cumplir una parte de la pena al menos de seis meses de privación de libertad."

Y en tercer lugar, que "a solicitud presenta interés para la cooperación policial internacional."

La Secretaría General, sin embargo, puede decidir la publicación de una notificación roja aun cuando no se cumplan los dos primeros criterios antes enumerados, si previa consulta a la Oficina Central Nacional o la entidad internacional autorizada solicitantes, considera que la publicación de la notificación roja solicitada presenta una importancia particular para la cooperación policial internacional (art. 83.1.b, RTD).

Por otra parte, en caso de "múltiples delitos," es decir, si la solicitud se refiere a varios delitos, la notificación roja puede publicarse para todos aquellos que cumplan la normativa de INTERPOL, a condición de que al menos uno de ellos cumpla los criterios anteriormente antes mencionados (Art. 83.1.c, RTD).

b'. *Datos mínimos*

Por otra parte, en cuanto a los datos mínimos que deben suministrarse en las solicitudes de notificación por parte de la IN-

TERPOL, se distinguen dos tipos de datos: los de identificación y los jurídicos.

En cuanto a los *datos de identificación*, las notificaciones rojas solo se pueden publicar cuando se hayan facilitado suficientes datos de identificación considerándose como tales, los comprendidos en al menos una de las dos combinaciones de daos siguientes: Por una parte, los apellidos, nombre, sexo, fecha de nacimiento (al menos el año), y uno de los siguientes elementos de identificación: la descripción física, o el perfil de ADN, o los daros contenidos en documentos de identidad, como por ejemplo, el pasaporte o la tarjeta nacional de identidad; y por la otra, una fotografía de buena calidad con algunos datos complementarios, como por ejemplo, otros nombres, el nombre del padre o de la madre, una descripción física más completa, el perfil de ADN, o las huellas dactilares (art. 83.2.a, RTD).

En cuanto a los *datos jurídicos*, de acuerdo con el artículo 83.2.b del RTD, sólo se pueden publicar notificaciones rojas, cuando se faciliten datos jurídicos suficientes, como los siguientes:

a) La exposición de los hechos, que debe incluir una descripción clara y sucinta de las actividades delictivas de la persona buscada, incluidos la fecha y el lugar de la presunta actuación delictiva;

b) La calificación del delito o de los delitos;

c) Las referencias de las disposiciones de la legislación penal que reprimen el delito, a cuyo efecto, siempre que sea posible, y de conformidad con las leyes nacionales o la reglamentación de la entidad internacional autorizada, la correspondiente la Oficina Central Nacional o la entidad internacional autorizada solicitantes deben facilitar el texto de las disposiciones de la legislación penal aplicables;

d)   La pena máxima aplicable. Pena impuesta o resto de pena pendiente de cumplir; y

e)   La referencia de una orden de detención válida o de una resolución judicial equivalente, en cuyo caso, siempre que sea posible, y de conformidad con las leyes nacionales o de las reglas de funcionamiento de la entidad internacional autorizada, la Oficina Central Nacional o la entidad internacional autorizada solicitante debe facilitar una copia de la orden de detención o de la resolución judicial (art. 83.2.b, RTD).

   c'. *Garantías ofrecidas por las Oficinas Centrales Nacionales*

En todo caso, de acuerdo con el artículo 84 del RTD, la Oficina Central Nacional o la entidad internacional solicitante, están obligadas a ofrecer garantías de que:

a)   La autoridad que ha expedido la orden de detención o dictado la resolución judicial está facultada para ello; y

b)   La solicitud de notificación roja se ha hecho en coordinación con las autoridades pertinentes responsables de las extradiciones, y se han dado garantías de que se solicitará la extradición tras la detención de la persona buscada, de conformidad con la legislación nacional o con los tratados bilaterales o multilaterales aplicables.

Para el caso de que la orden de detención no haya sido expedida por una autoridad judicial, la Oficina Central Nacional o la entidad internacional solicitante, están obligadas a ofrecer garantías de que la legislación del país solicitante o las reglas de funcionamiento de la entidad internacional autorizada estipulan un mecanismo de apelación contra la misma por ante una autoridad judicial (art. 84, RTD).

d'. *Información adicional sobre la extradición*

De acuerdo con lo previsto en el artículo 85 del RTD, cuando lo considere útil y apropiado, la Oficina Central Nacional o la entidad internacional que ha solicitado la publicación de la notificación, debe facilitar a la Secretaría General los documentos adicionales que puedan facilitar los procedimientos de extradición o entrega. La Secretaría General tiene la facultad de guardarlos y remitirlos a los países interesados que los soliciten.

e'. *Examen jurídico de la solicitud por la Secretaría General*

De acuerdo con el artículo 86 del RTD, la Secretaría General, cuando se formulen solicitudes de Notificación o Alerta Roja, debe llevar a cabo un examen jurídico de las mismas, antes de su publicación, a los efectos de garantizar su conformidad con el Estatuto y demás textos normativos de INTERPOL, en particular con los artículos 2 y 3 del Estatuto de la Organización.

f'. *Modo de proceder en los casos de localización de la persona buscada*

De acuerdo con el artículo 87 del RTD, para el caso de que se localice a una persona objeto de una notificación roja, se deben tomar las medidas siguientes:

Primero, el país donde esta persona haya sido localizada debe informar inmediatamente a la Oficina Central Nacional o a la entidad internacional solicitante y a la Secretaría General de que se a localizado a la persona, teniendo en cuenta las restricciones derivadas de sus leyes nacionales y de los tratados internacionales aplicables al caso; y además, debe adoptar cualquier otra medida permitida por su legislación nacional y los tratados internacionales aplicables al caso, como proceder a la vigilancia, la limitación de los desplazamientos o la detención preventiva de la persona buscada.

Segundo, la Oficina Central Nacional o la entidad internacional solicitante debe actuar inmediatamente, una vez informada de que la persona buscada ha sido localizada en otro país y, en particular, debe velar por que se envíe rápidamente, dentro del plazo establecido para ese caso concreto, los datos y los documentos justificativos que hayan solicitado el país donde se ha localizado a la persona o la Secretaría General.

Tercero, la Secretaría General debe asistir a las Oficinas Centrales Nacionales o las entidades internacionales pertinentes, en particular facilitando el envío de los documentos relacionados con la detención preventiva o el procedimiento de extradición, teniendo en cuenta sus legislaciones nacionales y de los tratados internacionales en vigor.

b. *Alerta o Notificación Azul*

De acuerdo con el artículo 88 del RTD, en los casos de Notificación o Alerta Azul, que es la tendiente a obtener información, localizar o identificar una persona que presente un interés para una investigación policial, la misma sólo se puede publicar si se cumplen las condiciones siguientes:

Primero, que la persona objeto de la solicitud sea un convicto, un acusado, un sospechoso, un testigo o una víctima;

Segundo, que se pida información adicional sobre el posible historial judicial de la persona, sobre su identidad, situación o paradero, o sobre cualquier otro aspecto que guarde relación con la investigación policial; y

Tercero, que se aporten datos suficientes sobre la persona o la investigación policial para que la cooperación solicitada sea eficaz.

En todo caso, sólo se puede publicar una notificación azul si los datos de identificación son suficientes, entendiéndose estos, como mínimo, en caso de que la persona haya sido identificada, los apellidos, el nombre, el sexo y la fecha de nacimiento (al menos el año) de la persona, acompañados por su descripción física, perfil de ADN o huellas dactilares; o una fotografía de buena calidad acompañada al menos por otro elemento de identificación, como otros nombres, el nombre de uno de los padres o un detalle físico particular que no aparezca en la fotografía. En el caso de que la persona no haya sido identificada, debe presentarse como mínimo, una fotografía de buena calidad, o las huellas dactilares, o el perfil de ADN (art. 88.3, RTD).

c. *Alerta o Notificación Verde*

Las Notificaciones verdes, que tienen por finalidad dar alerta sobre las actividades delictivas de una persona, por supuesto en relación con delitos comunes, conforme al artículo 89 RTD, sólo se pueden publicar si se cumplen las condiciones siguientes: que se considere que la persona comporta un peligro para la seguridad pública, basado en la evaluación realizada por una autoridad nacional encargada de la aplicación de la ley o una entidad internacional, que debe estar fundamentada en la existencia de una o más condenas penales anteriores de la persona o en otros motivos razonables; para todo lo cual deben aportarse datos suficientes sobre el peligro para que la alerta sea pertinente.

En esos casos, de acuerdo con el mismo artículo 89.3 RTD, sólo se puede publicar una notificación verde si los datos facilitados son suficientes, entendiéndose por ello, como mínimo, los siguientes: bien los apellidos, el nombre, el sexo y la fecha de nacimiento (al menos el año) de la persona, acompañados por su descripción física, perfil de ADN o huellas dactilares; o bien una fotografía de buena calidad acompañada al menos por otro elemento de identificación, como otros nombres, el nombre de uno de los padres o un detalle físico particular que no aparezca en la fotografía.

E. *El sistema de difusiones*

El artículo 97 RTD regula el sistema de difusiones que se refiere a las solicitudes de cooperación y de alertas que se presentan de manera normalizada y cada una de las cuales corresponde a una finalidad específica, que son: detener o restringir los movimientos de un convicto o un acusado; localizar; obtener información complementaria; identificar; alertar sobre las actividades delictivas de una persona; e informar.

Las condiciones de envío de una difusión corresponden a las condiciones generales de registro de datos en las bases de datos policiales de la Organización.

Ahora bien, conforme al artículo 99 del RTD, sobre envío de las difusiones, éstas se deben enviar, como mínimo, en una de las lenguas de trabajo de la Organización; y antes de enviar una difusión, la Oficina Central Nacional o la entidad internacional deben asegurarse de la calidad y la licitud de los datos que proporciona para apoyar su difusión; de la conformidad de su difusión con las condiciones generales de registro de datos; del interés de los datos para la cooperación policial internacional; de la conformidad de la difusión con la normativa de INTERPOL, en particular con los artículos 2.1 y 3 del Estatuto de la Organización, y con las obligaciones que el derecho internacional le impone.

Las Oficinas Centrales Nacionales o una entidad internacional, deben utilizar una difusión en lugar de una notificación, si desean limitar el envío de su alerta o solicitud de cooperación a ciertas Oficinas Centrales Nacionales o entidades internacionales concretas; o limitar el acceso a los datos contenidos en su alerta o solicitud de cooperación a un número restringido de Oficinas Centrales Nacionales o de entidades internacionales; o su solicitud o su alerta no justifica la publicación de una notificación o no reúne los requisitos para ello (art. 99.3, RTD).

F. *La suspensión, retirada o anulación de las Notificaciones o Alertas*

Conforme se regula en el artículo 80 del RTD, respecto de la suspensión o retirada de las notificaciones, tanto la Oficina Central Nacional como la entidad internacional que haya solicitado la publicación de una notificación puede suspender su solicitud de cooperación o su alerta por un periodo que no exceda los seis meses, debiendo indicar a la Secretaría General las razones de dicha suspensión, la cual debe proceder a suspenderla.

A tal efecto, la Oficina Central Nacional o la entidad internacional que haya solicitado la publicación de una notificación está obligada a retirar su solicitud de cooperación o su alerta y pedir a la Secretaría General que proceda inmediatamente a la destrucción de la notificación siempre que la solicitud o la alerta han logrado su finalidad; o la solicitud o la alerta esté vinculada a otras solicitudes o alertas que hayan logrado su finalidad sin las cuales esta no se pueda mantener; o no desee mantener la notificación; o la notificación ya no cumpla las condiciones mínimas para su publicación.

Por otra parte, en cuanto a la anulación de una notificación, conforme al artículo 81 del RTD, la Secretaría General por su parte, debe anular una notificación en los siguientes casos:

Primero, cuando la solicitud de cooperación o la alerta a raíz de la cual se ha publicado la notificación haya logrado su finalidad, y esta información ha sido confirmada por la Oficina Central Nacional o la entidad internacional que solicitó la publicación de la notificación;

Segundo, que la solicitud o la alerta esté vinculada a otras solicitudes o alertas que hayan logrado su finalidad sin las cuales esta no se pueda mantener;

Tercero, que la notificación ya no cumpla las condiciones mínimas para su publicación;

Cuarto, que la Oficina Central Nacional o la entidad internacional que haya solicitado su publicación haya recibido los datos necesarios para realizar las acciones requeridas, pero no haya tomado ninguna medida al respecto y, tras ser consultada, no haya proporcionado explicaciones suficientes sobre esta inacción.

4. *El derecho de acceso a la información y la posibilidad de oposición anticipada por las personas al registro de datos o a la publicación de notificaciones o alertas*

Quizás dentro de los elementos más importantes del derecho administrativo global que regula el funcionamiento de la INTERPOL, en particular en las relaciones entre la Administración global y los ciudadanos nacionales de los 190 Estados miembros de la Organización, es el que se expresa en el artículo 18 del RTD, que consagra el "derecho de acceso por parte de las personas objeto de la cooperación policial internacional" respecto de los datos almacenados en la Organización, al establecer que "las personas objeto de la cooperación policial internacional tendrán derecho a acceder, en determinadas condiciones, a los datos sobre ellas que sean tratados en el Sistema de Información de INTER-POL."

Este derecho de acceso, conforme al RTD, está garantizado por la Comisión de Control de los Ficheros de INTERPOL y se rige por el Reglamento sobre el control de la información y acceso a los ficheros de INTERPOL.

Con base en este derecho de acceso, en efecto, los ciudadanos nacionales de los Estados Miembros, no sólo pueden formular peticiones para iniciar un procedimiento de revisión de los datos registrados en los servicios, o de la difusión de notificaciones y alertas si consideran que no se han realizado en un todo conforme al derecho administrativo global que regula el tratamiento de la información, sino que las personas también tienen derecho de iniciar un procedimiento administrativo mediante el ejercicio del derecho de petición, aún antes de que se efectúe el registro de datos o la publicación de una notificación, oponiéndose por ejemplo a la posible pretensión de un Estado de efectuar dicho registro e incluso de solicitar la publicación de una notificación, si estima que la pretensión del Estado es contraria o viola el Estatuto de la Organización. Dicho derecho de petición oponiéndose anticipadamente a la pretensión ilegal de un Estado, por ejemplo, es la que conforme al RTD, se debe ejercer ante la Comisión de Control de los Ficheros de INTERPOL.

Dicha Comisión, como antes se indicó, hoy regulada en el Estatuto de la Organización, surgió con motivo del conflicto que se planteó entre la Administración del Estado francés y la Organización con motivo del establecimiento de la sede de INTERPOL en Francia, y en particular, en torno a la aplicabilidad o no del derecho administrativo nacional francés al tratamiento de la información de cooperación policial internacional. El conflicto se resolvió gracias a la aceptación por ambas partes del principio de la necesidad de protección de los datos personales registrados pero conforme al derecho administrativo global y no conforme al nacional.

Por tanto, a fin de proteger las actividades de la cooperación policial internacional de INTERPOL, y de proteger los derechos individuales de las personas que garantizaba el artículo 2 del Estatuto de INTERPOL en el cual se situaba su acción en el marco de la Declaración Universal de los Derechos Humanos, se estableció la Comisión de Control de Ficheros para asumir esa labor, lo que se materializó con la firma, el 3 de noviembre de 1982, de un nuevo Acuerdo de Sede entre la República Francesa e INTERPOL, que entró en vigor el 14 de febrero de 1984, en cuyo anexo figura el Intercambio de Notas Oficiales, cuyos textos establecieron un sistema de control de los ficheros de INTERPOL. Con ello Francia renunció a aplicar la Ley nacional de protección de Información de 1978 a los ficheros de la Organización.

Estos textos previeron la inviolabilidad tanto de los archivos como de la correspondencia oficial de la Organización (artículos 7 y 9 del Acuerdo de Sede), y todo un sistema de control de sus ficheros que no se realiza por parte de la Comisión Nacional de Control francesa, sino por la Comisión de Control de los Ficheros de INTERPOL que se reguló inicialmente en 1982 en el viejo Reglamento relativo a la Cooperación Policial Internacional y al Control de los Ficheros de INTERPOL, donde se fijó como su objetivo fundamental:

"proteger contra cualquier abuso, las informaciones de policía tratadas y comunicadas en el seno del sistema de cooperación policial internacional establecido por la OIPC-INTERPOL, con vistas sobre todo a prevenir cualquier atentado contra los derechos de las personas" (artículo 1,2).

Dicho Reglamento de Cooperación fue sustituido a partir de 2005, por el *Reglamento sobre el Control de la Información y el Acceso a los Ficheros de INTERPOL* (RCIF), cuya última reforma es de 2009.

En este contexto, y en particular en el procedimiento de trámite de una solicitud de publicación de una notificación o alerta formulada ante la Secretaría General por una Oficina Central Nacional, con base en el derecho de acceso a la información o daos consagrado en el artículo 18 del RTD, los ciudadanos nacionales de cualquiera de los Estados miembros de la Organización, como "personas objeto de la cooperación policial internacional," pueden ejercer su derecho de petición ante la Comisión de Control de Ficheros de INTERPOl, para oponerse anticipadamente a que la Secretaría General publique una notificación que no cumple con los requisitos establecidos en el RTD.

Con base en este derecho de acceso, como se dijo, los ciudadanos nacionales de los Estados Miembros, no sólo pueden formular peticiones para iniciar un procedimiento de revisión de las notificaciones o alertas una vez que hayan sido publicadas, como se analiza a continuación, sino que pueden ejercer su derecho de petición para oponerse a la publicación de la notificación por parte de la Secretaría General si consideran que la solicitud de publicación formulada por una Oficina Central Nacional, antes de que se efectúe, no se ajusta al derecho administrativo global que regula dichas publicaciones, porque sea por ejemplo contraria o viola el Estatuto y los reglamentos de la Organización. Dicho derecho de petición oponiéndose anticipadamente a la publicación de una solicitud ilegal de un Estado, por ejemplo, también conforme al RTD, debe ejercer ante la Comisión de Control de los Ficheros de INTERPOL, antes mencionada.

V

EL PROCEDIMIENTO ADMINISTRATIVO GLOBAL PARA EL EXAMEN O LA REVISIÓN DEL REGISTRO DE DATOS Y PUBLICACIÓN DE NOTIFICACIONES

Además de los procedimientos administrativos globales de carácter constitutivo para el registro de datos para la cooperación internacional en materia de policía y de publicación de notificaciones o alertas por parte de INTERPOL, que se desarrollan ante la Secretaria General, en el sistema de tratamiento de datos IN-TERPOL, como Administración global, también se ha regulado un procedimiento administrativos globales de revisión de registros y notificaciones, si las mismas no se ajustan a lo establecido en el derecho administrativo global, conformado por el Estatuto y los Reglamentos que rigen la Organización.

Dicho procedimiento administrativo global de revisión se pueden iniciar de oficio por la Secretaría General o por la Comisión de Control de Ficheros o a instancia de un ciudadano nacional de un Estado Miembro, en ejercicio de su derecho de petición y acceso a la información.

Los datos introducidos en el Sistema de Información de la INTERPOL por una Oficina Central Nacional, una entidad nacional o una entidad nacional, sea en virtud de una solicitud de registro de datos o de una solicitud de publicación de notificación o alerta, y que han sido registrados en una base de datos policiales de la Organización; conforme al procedimiento derecho administrativo global que rige a INTERPOL, gozan de una presunción de exactitud y pertinencia, que en caso de duda, debe ser desvirtuada, a cuyo efecto, el artículo 128 del RTD ha regulado expresamente lo que se ha denominado el "procedimiento de examen."

1. *Motivación para el inicio del procedimiento: la duda sobre las condiciones de registro*

De acuerdo con el artículo 128.2 del RDT, el procedimiento de examen de los registros de datos en cualquier base de datos policiales de INTERPOL se debe iniciar por la Secretaría General "en caso *de duda sobre el respeto de las condiciones* de condiciones del tratamiento de datos."

2. *La iniciativa para el planteamiento de la duda, el derecho de petición y acceso de las personas a los ficheros de INTERPOL y el derecho a recurso de examen o revisión*

La duda sobre la exactitud y pertinencia de los datos registrados en las bases de datos de la Organización pueden surgir de oficio en el seno de la Organización, por iniciativa de la propia Secretaria o por la Comisión de Control de Ficheros, o sea a instancia de alguna Oficina Central Nacional o una entidad internacional, o a instancia de una petición formulada por algún ciudadano nacional de uno de los Estados planteada ante la Organización, y considerada por la Comisión de Control de Ficheros.

En este último caso, en particular, como se ha dicho, el RTD consagra en el artículo 18 el derecho de las personas objetos de la cooperación policial a tener acceso a los datos sobre ellas que sean tratados en el Sistema de Información de INTERPOL, sea que se trate de registro de datos o de publicación de notificaciones y alertas, precisando que "este derecho de acceso está garantizado por la Comisión de Control de los Ficheros de INTER-

POL," razón por la cual corresponde a dicha Comisión, conforme al artículo 1.c del RCI, no solo tratar "las solicitudes de acceso a los ficheros de INTERPOL" que le formulen los ciudadanos nacionales de los Estados miembros de la Organización, sino "responder a los solicitantes."

Con ello, en el procedimiento administrativo global de INTERPOL se ha regulado el derecho de petición y a obtener oportuna respuesta respecto de las mismas, conforme a las siguientes reglas.

De acuerdo con el artículo 4 del RCI, cualquier persona puede dirigirse a la Comisión de Control de Ficheros a los efectos de acceder a la información de carácter personal sobre ella, petición que también puede formularse por un representante debidamente acreditado, "de conformidad con las condiciones de admisibilidad de las solicitudes," para lo cual se han establecido las siguientes reglas establecidas en el artículo 9 del RCI:

Primero, el derecho de acceso a la información de carácter personal se garantiza a toda persona que así lo desee, a cuyo efecto puede ejercer gratuita y libremente dicho derecho de acceso a los datos de carácter personal sobre ella que figuren en los ficheros de INTERPOL.

Segundo, la Comisión debe siempre acusar recibo de todas las solicitudes y les debe dar respuesta a la mayor brevedad posible, y

Tercero, para ser admisibles, las solicitudes de acceso a la información de carácter personal deben proceder de las personas que pudieran ser objeto de dicha información o de sus representantes debidamente constituidos, o bien de sus representantes legales.

Cuarto, conforme al artículo 10.a, al recibir una solicitud, la Comisión debe comprobar, que los datos de carácter personal sobre el solicitante, o sobre la persona por él representada, que pudieran obrar en poder de la Organización cumplen las condiciones de tratamiento de la información aplicables a la Organización.

3. *La Comisión de Control de Ficheros y el examen del cumplimiento de las condiciones de tratamiento de la información*

A. *La Comisión de Control de Ficheros y las peticiones formuladas por las personas ciudadanos nacionales sobre sus datos personales*

Conforme al artículo 1º del Reglamento sobre el Control de Información y el acceso a los ficheros de INTERPOL (RCI), corresponde a la Comisión de Control de Ficheros comprobar de oficio o a instancia de parte interesada, que las normas y operaciones relativas al tratamiento de información de carácter personal por parte de la Organización, se desarrollan de conformidad con la reglamentación de la propia Organización, "y no vulneran los derechos fundamentales de las personas, previstos en el artículo 2 del Estatuto de INTERPOL donde se menciona la Declaración Universal de Derechos Humanos, ni los principios generales en materia de protección de datos."

En particular, sobre la presentación de casos ante la Comisión, el artículo 4 del RCI dispone que la Secretaría General debe consultar a la Comisión en relación con todos los casos previstos en el RTD para la Cooperación Policial Internacional, por lo que toda petición que origine un procedimiento de examen ante la Secretaría General, debe ser sometida a la Comisión, que en definitiva es el órgano clave en la materia, cuyo objetivo fundamental, al crearse, fue proteger contra cualquier abuso, las informaciones de policía tratadas y comunicadas en el seno del sistema de cooperación policial internacional establecido por la INTER-

POL, con vistas sobre todo a prevenir cualquier atentado contra los derechos de las personas.

En tal sentido, el artículo 5.f RCI dispone que para que la Comisión pueda cumplir su cometido de comprobación de cumplimiento de las normas y operaciones relativas al tratamiento de datos, la Secretaría General debe transmitirle todas las solicitudes que reciba, por ejemplo, de personas interesadas en el acceso a sus daos de carácter personal, desde el momento de su recepción, teniendo en cuenta que las solicitudes transmitidas por la Organización a la Comisión y la correspondencia entre una y otra no deben quedar registradas en los ficheros de la Organización, a no ser que la Comisión así lo recomiende para actualizar una información que ya figure en los ficheros de INTERPOL.

Además, la Secretaría General para que la Comisión de Control de Ficheros pueda cumplir su cometido de comprobación y revisión, le debe comunicar la información que aquélla necesite o le solicite, y especialmente la lista de ficheros, informáticos o de otro tipo, que contengan datos de carácter personal, así como su estructura y los derechos de acceso vinculados a los mismos (art. 5.f.2, RCI); le debe prestar toda la asistencia que aquélla necesite o le solicite, en especial a la hora de facilitar la celebración de las reuniones y garantizar su independencia (art. 5.f.3, RCI); le debe informar de toda nueva medida relativa al tratamiento de información de carácter personal (art. 5.f.4, RCI); y le puede solicitar audiencia a la Comisión para preparar o defender su posición, en especial en caso de discrepancia clara con respecto a una recomendación de ésta (art. 5.f.5, RCI).

Además, en particular, la Secretaría General puede consultar a la Comisión sobre cualquier asunto, proyecto u operación relativos al tratamiento de información de carácter personal, en particular cuando se trate de la interpretación de una norma ya existente, la adopción de una nueva norma o de normas de aplicación, así como sobre la creación de bases de datos o la firma de acuerdos con terceros que comporten una operación de tratamiento de información de carácter personal (art. 4.d, RCI).

Por último, de acuerdo con el artículo 4.d, RCI, la Comisión, por iniciativa propia, puede llevar a cabo controles en el marco de las verificaciones de oficio que realiza, iniciando procedimientos de revisión o examen.

B. *El funcionamiento de la Comisión y su autonomía*

A tal efecto, como se ha dicho, la Comisión de Control de Ficheros se ha estructurado como una entidad desconcentrada en la Organización de INTERPOL que debe desempeñarse de modo independiente (art. 5.a RCI), y que debe emprender las gestiones necesarias "para cumplir su cometido y garantizar su independencia. Para ello, en el ejercicio de sus funciones, conforme al artículo 5.e del RCI:

Primero, los miembros de la Comisión "no solicitarán ni recibirán instrucciones de nadie, y deberán observar el secreto profesional."

Segundo para el cumplimiento de su misión, la Comisión goza de "un derecho de acceso libre y sin reservas a todos los datos de carácter personal tratados por INTERPOL y a todos los sistemas de tratamiento de tales datos, sean cuales fueren el lugar, la forma y el soporte del tratamiento. En la medida de lo posible, la Comisión; debe ejercer este derecho sin interferir innecesariamente en las labores diarias de la Secretaría General.

Tercero, en el cumplimiento de sus funciones de revisión o comprobación, la Comisión debe consultar a la Secretaría General y puede solicitar la comparecencia de representantes de ésta.

Cuarto, para cumplir su misión de comprobación o revisión, la Comisión también debe consultar a las Oficinas Centrales Nacionales o a otras fuentes de información interesadas, e incluso al Comité Ejecutivo. Incluso, la Comisión podría solicitar al Comité Ejecutivo la posibilidad de expresarse ante la Asamblea General como consecuencia de los resultados de su trabajo (art. 6.d).

4. *Las decisiones de la Comisión de Control de Ficheros respecto de las peticiones individuales*

La Comisión de Control de Ficheros, como se ha dicho, está obligada a comprobar, que los datos de carácter personal sobre el solicitante, o sobre la persona por él representada, que pudieran obrar en poder de la Organización cumplen las condiciones de tratamiento de la información aplicables a la Organización (art. 10.a, RCI); y como consecuencia de su trabajo, debe responder las solicitudes de verificaciones que se le formulen, en el sentido de que ha efectuado dichas verificaciones, sea cual fuere el resultado de sus deliberaciones, y conforme al artículo 11.a del RCI, previa autorización de la fuente de la información solicitada, puede comunicar al solicitante la información de dicha fuente que la Organización posea sobre esta persona.

Solamente cuando se acuda a la Comisión con abuso manifiesto, especialmente por prodigarse el número de solicitudes o por revestir éstas un carácter repetitivo y sistemático, conforme al artículo 9.d del RCI, la Comisión puede abstenerse de proceder a las verificaciones de oficio y no está obligada a responder al solicitante.

En todo caso, conforme al artículo 6 del RCI, la Comisión de Control de Ficheros, en cuanto al resultado de su trabajo con ocasión de las peticiones individuales que reciba, es la que debe decidir la respuesta que se deberá remitir a los solicitantes y les remitirá dicha respuesta; y está facultada para hacer declaraciones públicas, y concretamente para dar a conocer su informe anual de actividades (art. 6.f, RCI)

Sobre sus investigaciones realizadas por ejemplo con ocasión de peticiones de ciudadanos sobre sus datos de carácter personal, la Comisión debe informar de ellas y debe dirigir sus dictámenes y recomendaciones a la Secretaría General, con el objeto de que puedan comunicarse a las entidades y personas interesadas, o bien ponerse en práctica; y además, debe trasmitir a la Secretaría General, si lo considera oportuno, algunos datos extraídos de las solicitudes o algunos documentos que su secretaría haya elaborado a petición suya con el fin de conocer y controlar el tratamiento de la información de carácter personal por parte de la Organización.

Aún en el caso de que la Secretaría General considere que no puede seguir alguna de las recomendación de la Comisión, esta sin embargo, puede emprender las gestiones adecuadas con vistas a cerciorarse de que el tratamiento por parte de INTERPOL de la información de carácter personal en cuestión es conforme con las normas que ha adoptado INTERPOL en materia de tratamiento de la información (art. 6.b.1, RCI). Además, en caso de discrepancia de la Comisión con la Secretaría General sobre una operación de tratamiento de información de carácter personal, la Comisión puede informar de ello al Comité Ejecutivo para que éste pueda tomar en su caso las medidas apropiadas.

5. *Consulta a la fuente y a las entidades internacionales*

En todo caso, en la tramitación del procedimiento de examen, de acuerdo con el artículo 128 2. Del RTD, un paso obligatorio impuesto a la Secretaría General es el deber de preguntar o consultar sobre la duda planteada, a la Oficina Central Nacional interesada, incluido en caso de que los datos hayan sido registrados por una entidad nacional, a los efectos de "obtener aclaraciones o datos adicionales que permitan despejar la duda." En caso de duda sobre el respeto de las condiciones del tratamiento de datos, la Secretaría General también debe consultar a las entidades internacionales.

6. *Medidas cautelares*

Durante el curso del procedimiento de revisión o examen, en caso de duda con respecto al cumplimiento de las condiciones de tratamiento de los datos, conforme al artículo 129 del RTD, la Secretaría General debe tomar las medidas cautelares oportunas para prevenir cualquier daño directo o indirecto que los datos pudieran causar a la Organización, su personal, sus países miembros, las Oficinas Centrales Nacionales, las entidades nacionales, las entidades internacionales o las personas a quienes se refieran dichos datos; todos los cuales, por supuesto, en el curso del procedimiento tienen derecho a solicitar a la Secretaría la adopción de las dichas medidas cautelares.

En todo caso, la Secretaría General debe informar a la Oficina Central Nacional o a la entidad internacional de cualquier medida cautelar que adopte, a cuyo efecto debe exponer las razones para hacerlo, lo que confirma que en el marco del procedimiento administrativo global, la decisión respectiva respecto de las medidas cautelares debe ser una decisión motivada .

7. *Terminación y decisión del procedimiento*

En los términos del artículo 128 RTD, el procedimiento de examen termina cuando la Secretaría General estime que el tratamiento de datos es conforme con el RTD, "y valide el registro de los datos;" o que dicho tratamiento de datos "no es conforme" con el RTD, y decida introducir correcciones en el tratamiento de datos o proceder a la eliminación de estos. Para tomar esta decisión en el procedimiento de examen, el artículo 128.4 RTD, le confiere la Secretaría General los más amplios poderes de examen y revisión de los registros de datos o de las notificaciones publicadas, pudiendo adoptar "todas las demás medidas oportunas para asegurarse del cumplimiento efectivo" de las condiciones del tratamiento de datos, es decir, de las condiciones de registro de datos y de las condiciones para la publicación de notificaciones o alertas

Las decisiones de la Secretaría General adoptadas en este procedimiento administrativo global de examen, deben ser motivadas, lo que se reafirma por la exigencia impuesta a la Secretaría General por el artículo 128.5 del RTD, de informar a la Oficina Central Nacional o a la entidad internacional no sólo de la conclusión del procedimiento de examen y de la decisión adoptada, sino de los motivos de la misma. Por ello exige la norma que para el caso de que la secretaría General haya decidido introducir correcciones en los datos o eliminarlos, debe exponer a dicha Oficina Central Nacional o entidad internacional las razones de ese proceder y las correcciones efectuadas.

8. *Secuelas de las violaciones al derecho administrativo global por las Comisiones Centrales Nacionales o entidades nacionales: medidas correctivas*

En los casos en los cuales como resultado del procedimiento administrativo global de examen, se establezca que una Oficina Central Nacional o una entidad internacional tienen dificultades en relación con el tratamiento de datos en el Sistema de Información de INTERPOL o cumple las obligaciones impuestas por el RTD, conforme se regula en el artículo 131 RTD, la Secretaría General tiene la potestad para adoptar las siguientes medidas correctivas:

a)   corrección de errores de tratamiento;

b)   supervisión, durante un plazo no superior a tres meses, de las operaciones de tratamiento efectuadas por la Oficina Central Nacional o la entidad internacional;

c)   suspensión de los derechos de acceso concedidos a los usuarios de la Oficina Central Nacional o de la entidad internacional;

d)   envío de una misión de evaluación de la Oficina Central Nacional o de la entidad internacional.

Además, la Secretaría General puede formular a las Oficinas Centrales Nacionales y a las entidades internacionales, recomendaciones en relación con la aplicación del RTD a fin de que puedan resolver las dificultades o poner fin a los incidentes de tratamiento, especialmente en el marco de la formación del personal o del refuerzo de los procedimientos de trabajo.

Cuando se trate la adopción de medidas correctivas que comporten la suspensión prolongada de los derechos de tratamiento de una Oficina Central Nacional o una entidad internacional, la Secretaría General debe someter el caso a la decisión del Comité Ejecutivo. Dichas medidas correctivas de suspensión prolongada de derechos de tratamiento de datos pueden referirse al derecho a registrar los datos en una o varias bases de datos policiales de la Organización; al derecho a consultar una o varias bases de datos; o a las autorizaciones de interconexión o de envío de datos.

VI

ALGUNAS CONCLUSIONES: EL DERECHO ADMINISTRATIVO GLOBAL Y EL EQUILIBRIO ENTRE LOS PODERES DE LA INTERPOL, COMO ADMINISTRACIÓN GLOBAL, Y LOS DERECHOS DE LOS CIUDADANOS DE LOS ESTADOS MIEMBROS PARA CONTROLAR LA LEGALIDAD DE LA ACTUACIÓN EN MATERIA DE COOPERACIÓN POLICIAL INTERNACIONAL

Desde el punto de vista del derecho administrativo global, que como todo derecho administrativo debe asegurar el equilibrio necesario entre los poderes de la Administración global y los derechos y garantías de los ciudadanos nacionales de los Estados miembros, el aspecto del mismo de mayor interés es el relativo al procedimiento administrativo global que se ha regulado con motivo del derecho de petición que se garantiza a favor de cualquier ciudadano de uno de los Estados miembros de la Organización, para controlar el sometimiento de la INTERPOL y de los propios Estados Miembros en materia de cooperación policial internacional a la legalidad, es decir, al ordenamiento del derecho administrativo global que la rige.

En ese contexto, el aspecto de mayor interés es el procedimiento administrativo global que se inicia a petición de un individuo nacional de alguno de los Estados miembros directamente ante la Secretaría General o ante la Comisión de Control de Ficheros, mediante el cual se establece una relación jurídica directa entre un ciudadano o persona natural y la Organización como Administración Global. Con dicho procedimiento se busca garantizarle a los ciudadanos sus derechos a la libertad personal y a la circulación, y a no ser molestados internacionalmente o perseguidos por los Estados Miembros a través de INTERPOL o usándola para asuntos relativos a delitos políticos, militares, religiosos y raciales, o contrariando las previsiones del derecho administrativo global que rige a la Organización.

Este procedimiento administrativo global, como se ha dicho, se desarrolla fundamentalmente ante la Comisión de Control de Ficheros de INTERPOL, como órgano establecido expresamente en la organización de INTERPOL para el control de los ficheros y para la vigilancia y comprobación de que con los registros de datos y las publicaciones o difusión de notificaciones o alertas por la Organización no afecten ilegítimamente los derechos de las personas.

1. *El derecho de las personas de acceso a la información llevada en INTERPOL y derecho de petición ante la Administración Global*

A tal efecto, como antes indicado, el artículo 4,a del RCI, al regular el tema de la "presentación de casos ante la Comisión," establece lo que puede calificarse como un derecho de petición individual que tienen los ciudadanos de los Estados Miembros de INTERPOL, de formular directamente, y no a través de los Estados Miembros, solicitudes o requerimientos ante la Secretaría General o la Comisión de Control de Ficheros de la Organización, para tener acceso a la información llevada en INTERPOL y buscar asegurar la protección de sus derechos ante las pretensiones de la utilización de INTERPOL, por parte de los Estados

Miembros, en particular, para persecuciones motivadas en cuestiones distintas a delitos de derecho común y en particular basadas en cuestiones de carácter político, militar, religioso o racial.

Este derecho de petición de las personas naturales ante la IN-TERPOL, como antes se ha indicado, se regula en el artículo 4 del RCI, al disponer que "cualquier persona que desee acceder a la información de carácter personal sobre ella o sobre la persona que represente," puede dirigirse a la Comisión de Control de Ficheros de conformidad con las condiciones de admisibilidad de las solicitudes, a los efectos de formular solicitudes en relación con esa información.

Ello se ratifica en el artículo 9 del mismo RCI, al regular las "condiciones y modalidades de acceso" a dichos ficheros, estableciendo que toda persona que así lo desee, puede ejercer gratuita y libremente su derecho de acceso a los datos de carácter personal que sobre ella figuren en los ficheros de INTERPOL.

Los Reglamentos sólo establecen como condición de admisibilidad esencial en relación con la legitimación activa, que tales solicitudes se presenten por las personas que pudieran ser objeto de dicha información o de sus representantes debidamente constituidos, o bien de sus representantes legales (art. 9.c, RCI).

La orientación de la regulación del procedimiento se refiere a peticiones dirigidas a modificar datos ya incorporadas en los registros o notificaciones ya publicadas; pero como antes se ha mencionado, es claro que nada impide, conforme a los principios del procedimiento administrativo, que las personas interesadas durante el procedimiento constitutivo derivado de la solicitud de registro o de la petición de publicación de una notificación o alerta, puedan también formular solicitudes preventivas, para buscar evitar precisamente que se efectúe el registro del dato o se publique la alerta, y así prevenir la violación de sus derechos.

Dada la referencia expresa contenida en el artículo 2 del Estatuto de INTERPOL sobre la necesidad de que la Organización ajuste su actividad a los principios contenidos en la Declaración Universal de los Derechos Humanos, y dada la prohibición expresa contenida el artículo 3 del Estatuto que impide a INTERPOL intervenir en materias distintas a las relativas a delitos comunes y, en particular, en cuestiones las relativas a delitos políticos, militares, religiosos o raciales; nada impide que las solicitudes dirigidas a INTERPOL pueden ser también para requerir, con antelación, es decir, antes incluso que una Oficina Central Nacional formule ante la Secretaría General, que la Organización se abstenga de darle curso a solicitudes de registro de daros o de publicación de notificaciones o alertas que puedan formular las Oficinas Centrales Nacionales de los Estados Miembros contra personas en violación del artículo 3 del Estatuto. No es necesario, por tanto, que se tengan que producir violaciones a los derechos de las personas, para que estos puedan ser protegidos; el derecho de protección también puede formularse frente a la amenaza cierta de violación

Por tanto, para enfrentar internacionalmente la pretensión que pudiera tener algún Estado Miembro de utilizar a la INTERPOL para materializar persecuciones políticas, es que se establece en la normativa que regula a la Organización, el derecho de petición de las personas naturales, que les permite iniciar un procedimiento administrativo y poder oponerse a las pretensiones de las Oficinas Centrales nacionales de los Estados Miembros, mediante la solicitud formal formulada a la secretaría general para que la INTERPOL se abstenga de cooperar con cualquier requerimiento de dichos Estados en relación con requerimientos relativos, por ejemplo, a delitos políticos.

2. *Los poderes de la Comisión de Control de Ficheros*

Como antes se ha visto, el recurso, petición o solicitud individual de la persona interesada en los datos de carácter personal en el sistema de información de la INTERPOL, una vez presentado ante la Comisión de Control de Ficheros, tiene un tratamiento automático, en el sentido de que obliga a la Comisión a comprobar si efectivamente los datos de carácter personal que sobre ella pudieran obrar en poder de la Organización, cumplen con las condiciones enumeradas en el Estatuto de la INTERPOL (artículos 1 y 3) y en Reglamentos.

Las peticiones también pueden formularse directamente ante la Secretaría General, en cuyo caso, esta tiene la obligación de transmitir a la Comisión de Control de Ficheros, de forma sistemática, todas las solicitudes individuales que reciba directamente. En el ejercicio de las facultades que tiene atribuidas, la Secretaría General puede tomar todas las medidas que estime necesarias para el tratamiento de un expediente que se haya presentado a la Comisión, incluso antes de que ésta formule una recomendación, pudiendo incluso decidir la destrucción de un expediente (art. 82, RTD); decisión y expediente que en todo caso deben ser controlados por la Comisión.

Como se ha dicho, en los casos de peticiones individuales, la Comisión de Control de los Ficheros de la INTERPOL es el órgano competente para examinar todas las solicitudes presentadas por un nacional de un país miembro, y relativas a la violación del artículo 3 del Estatuto, a cuyo efecto, como se ha analizado anteriormente, debe comprobar, al recibir una solicitud, que los datos de carácter personal sobre el solicitante, o sobre la persona por él representada, que pudieran obrar en poder de la Organización cumplen las condiciones de tratamiento de la información aplicables a la Organización, pudiendo dirigirse a la Secretaría

General si juzga necesaria la intervención de ésta. Estas competencias de la Comisión, como se dijo anteriormente, inicialmente se establecieron en el artículo 5,a del Intercambio de Notas Oficiales entre la Organización y el Estado francés.[59]

El recurso, petición o solicitud individual de la persona interesada ante la Comisión de Control de Ficheros, por tanto, es de carácter automático, y una vez presentado, la Comisión debe entonces comprobar, si efectivamente, los datos de carácter personal que sobre ella pudieran obrar en poder de la Organización cumplen las condiciones enumeradas en el Estatuto de la INTERPOL (artículos 1 y 3) y demás reglamentos.

3. *Las relaciones entre la Secretaría General y la Comisión*

Las peticiones también pueden formularse directamente ante la Secretaría General, en cuyo caso, esta tiene la obligación de transmitir a la Comisión de Control de Ficheros, de forma sistemática, todas las solicitudes individuales que reciba directamente. A tal efecto, el artículo 3,1 del Acuerdo entre la Comisión de Control y la Secretaría General dispone que "el Secretario General comunicará a la Comisión cualquier solicitud de verificación de los ficheros recibida en la Secretaría General junto con los expedientes correspondientes (en caso de que existan), incluso si tal solicitud no va dirigida a la Comisión".

En el ejercicio de las facultades que tiene atribuidas, la Secretaría General puede tomar todas las medidas que estime necesarias para el tratamiento de un expediente que se haya presentado a la Comisión, incluso antes de que ésta formule una recomenda-

---

59 Artículo 5 (a): "La *Comisión de Control verificará que los datos de carácter personal contenidos en los ficheros se obtienen y tratan conforme al Estatuto de la Organización y a la interpretación que de él hagan sus órganos competentes".*

ción. A ello se refiere el artículo 11,3 del Reglamento Interno de la Comisión de Control de Ficheros, en el cual se dispone:

> Artículo 13 (3): "Si a raíz de una solicitud de verificación, rectificación o supresión de datos de carácter personal de los ficheros, y en aplicación de las facultades que le son propias, la Secretaría General debe decidir la destrucción de un expediente antes de la celebración de la siguiente reunión de la Comisión, la Secretaría de la Comisión deberá guardar hasta la siguiente reunión de la Comisión dicho expediente, que le habrá sido entregado por la Secretaría General.

No obstante, de acuerdo con el Artículo 3,2 del Acuerdo entre la Organización y la Comisión, "el Secretario General conservará todo expediente expurgado y extraído de los archivos criminales a raíz de una solicitud de acceso a los ficheros de la Organización que haya tratado con carácter urgente, a fin de que la Comisión pueda controlarlo en su reunión. La lista de tales expedientes se comunicará a la Comisión.".

El Secretario General o su representante deben responder a las preguntas que la Comisión le plantee durante sus reuniones.

4. *Recibo de solicitudes y derecho a la oportuna respuesta*

El procedimiento administrativo global tiene elementos importantes del debido proceso, obligando a la Comisión, de acuerdo con el artículo 9 del RCIF, no sólo a acusar recibo de todas las solicitudes individuales que reciba, sino a darles "respuesta a la mayor brevedad posible," con lo que se establece, no sólo el derecho de petición de los ciudadanos para la protección de sus derechos, sino el derecho a obtener oportuna respuesta, "a la mayor brevedad posible".

Sólo cuando se acuda a la Comisión con "abuso manifiesto", especialmente por prodigarse un número de solicitudes o para revestirlas con un carácter repetitivo y sistemático, la Comisión podría abstenerse de proceder a realizar las verificaciones de oficio y no está obligada a responder al solicitante.

5. *El sometimiento del asunto a estudio jurídico*

En los casos de dudas, la Secretaría General debe someter el asunto a examen jurídico y consultar la fuente de la información; y ello sin duda se produce cuando frente al requerimiento de un Estado de utilizar a la INTERPOL para perseguir a un ciudadano, este peticiona ante la Organización alegando que de darse curso al requerimiento oficial se violaría el artículo 3 del Estatuto.

Esa tarea de análisis jurídico se debe supervisar por la Comisión de Control de los Ficheros de INTERPOL, que como se ha dicho, es un órgano integrado por especialistas independientes nombrados por la Asamblea General. La Comisión de Control de Ficheros, por tanto, es la que recibe quejas de personas, examina las medidas adoptadas por la Secretaría General y extrae sus propias conclusiones y transmite recomendaciones a la Secretaría General. La Comisión de Control debe formular sus recomendaciones a la Secretaría General, la cual está obligada a examinarlas y decidir si debe atenerse a ellas.

Como se ha dicho, la INTERPOL solo puede tratar información si la misma está conforme con su Estatuto. Ello implica que al recibir un requerimiento de un Estado Miembro o una petición individual formulada por un ciudadano de algún Estado Miembro, lo primero que debe hacer la Secretaría General es analizar la aplicación del artículo 3 del Estatuto que prevé la prohibición de intervenir en las cuestiones de carácter político, militar, religioso o racial.

En los casos en los cuales el delito trascrito en el requerimiento formulado por una Oficina Central Nacional de un Estado Miembro fuera, por ejemplo, un delito de naturaleza política, la única forma de dar curso al mismo es cuando el Estado demuestra que el delito político va acompañado de hechos relativos a un delito de derecho común, que tienen preponderancia en el caso, o se lleva a cabo con uso de violencia o infligiendo daños a personas o bienes. En esos casos, el delito político deja de ser considerado puro y la Secretaría General podría aplicar la doctrina del predominio, y tomar en cuenta todos los hechos pertinentes que no tienen motivación política que puedan inclinar la balanza a favor del predominio de los elementos de derecho común del delito.

Sin embargo, si no se hubiera facilitado información adicional que pueda indicar, por ejemplo, que el delito estaría acompañado de actos de violencia o que habría provocado daños a personas o bienes, a los efectos de evaluar la preponderancia del carácter de delito de derecho común; y además, se hubiera formulado una petición individual que se opusiera al requerimiento formulado por el Estado Miembro, en ese caso de duda, la Secretaría General tiene la obligación de iniciar formalmente el examen jurídico del caso.

6. *El requerimiento de información adicional a la fuente y las medidas preventivas*

La consecuencia de ello es que la Secretaría General, en caso de duda, debe iniciar las consultas necesarias y debe dirigirse a la Oficina Central Nacional correspondiente solicitando información adicional, por ejemplo, que pueda demostrar la índole de derecho común del delito al cual se refiere la oposición del ciudadano y el requerimiento del Estado Miembro.

A tal efecto, la INTERPOL debe enviar a la Oficina Nacional respectiva los recordatorios que estime necesarios, a los efectos de que, desde el punto de vista jurídico, se cumpla con la obligación que el artículo 128 del RTD le impone a la Secretaría General, al disponer lo siguiente en caso de duda en cuanto al respeto de las condiciones del tratamiento de datos, la Secretaría General debe preguntar a la Oficina Central Nacional interesada para obtener aclaraciones o datos que permitan despejar la duda, pudiendo adoptar las medidas oportunas para asegurarse el cumplimiento efectivo de las citadas condiciones, así como para prevenir cualquier daño directo o indirecto que la información pudiera causar a los Estados, a la Organización o a su personal, con el debido respeto a los derechos fundamentales de las personas a quienes se refiera dicha información, de conformidad con lo dispuesto en el artículo 2 del Estatuto de la Organización y con la Declaración Universal de Derechos Humanos."

7. *Las recomendaciones de la Comisión, la posibilidad de retiro de la información y la obligación de la Secretaría General de modificar la informació*n

Cuando la solicitud se presenta por la persona interesada, la Secretaría tras consultar la fuente de la información, está obligada a modificar, bloquear o destruir la información por su propia iniciativa si dispone de datos pertinentes y concretos para estimar que no se cumplen con las condiciones para el registro de datos o la publicación de notificaciones o alertas previstas en los Reglamentos.

La Secretaría General, en todo caso, para no lesionar los derechos del Estado Miembro, debe darles a las autoridades del mismo, un plazo final para que suministre la información requerida que demuestre el carácter de delito de derecho común del caso, en el sentido en que tal concepto se entiende en el Estatuto y la normativa de INTERPOL, y así poder informar a la Comisión de Control de los Ficheros. Dicho plazo, que establece la Secretaría

General, se debe fijar con indicación expresa de que en el mismo la Secretaría debe concluir el examen del caso, de manera que de no recibir la información solicitada, debe destruir toda la información relativa a la persona peticionante que se pudiera encontrar registrada en sus bases de datos.

En consecuencia, la Secretaría General tiene la obligación jurídica de adoptar las medidas pertinentes, entre ellas, la modificación, el bloqueo o la destrucción de información si dispone de datos pertinentes y concretos que permitan considerar que en caso de conservarse la información o mantenerse los derechos de acceso a la misma, se podría dejar de respetar alguno de las condiciones para el tratamiento de datos o publicación de notificaciones dispuestos en el Reglamento, o que pudiera redundar en perjuicio de la cooperación policial internacional, la Organización, su personal o de los derechos fundamentales de la persona a quien se refiera dicha información, con arreglo al artículo 2 del Estatuto de la Organización.

En los casos en los cuales, incluso por la ausencia de respuesta por parte de la Oficina Central Nacional requirente en la que suministre la información que se le ha solicitado, la Comisión llegue a la conclusión de que el requerimiento no se refiere a delitos comunes sino que se refiere a delitos políticos, militares, religiosos o raciales, la misma debe recomendar que la información difundida por la Oficina Central Nacional respectiva relativa al peticionante individual sea retirada de las bases de datos de INTERPOL, y debe comunicar esta circunstancia al Estado Miembro, y a los demás Estados Miembros, todos los cuales también están obligados a eliminar de sus bases de datos y sistemas de información, la referida información que afecte al solicitante.

8. *La efectividad del procedimiento*

Encontrar un procedimiento administrativo global, regulado en la normativa de INTERPOL, que es una organización de naturaleza policial, destinado a regular un sistema de protección directa respecto de los ciudadanos nacionales de los Estados miembros, sin posibilidad de interferencia por parte de los mismos, salvo las consultas a las Oficinas Centrales Nacionales, y en la mayoría de los casos, incluso, con peticiones que pueden ser contrarias a las pretensiones de los mismos Estados miembros, es sin duda sorprendente.

Pero sin embargo, si nos atenemos a la lógica de la Administración en el derecho administrativo, incluso de las Administraciones Globales en el marco del derecho administrativo global, el procedimiento administrativo ciertamente no sólo está destinado a garantizar la efectividad de la acción de la Organización, sino también la vigencia de los derechos de los administrados, en este caso, los ciudadanos de los Estados Miembros.

A tal efecto, ante la INTERPOL como Administración Global, tan sujetos "interesados" son los Estados Miembros y sus Oficinas Centrales Nacionales, como lo son todos los ciudadanos nacionales de dichos Estados que se puedan ver afectados por las actividades de cooperación policial internacional, lo que significa que materialmente, todos los ciudadanos del mundo, tienen derecho a dirigir peticiones directamente ante la Organización, para solicitar que se garanticen sus derechos fundamentales, particularmente sus derechos a la libertad personal y a la libre circulación cuando son perseguidos por delitos políticos, militares, religiosos o raciales por los Estados miembros, y estos pretenden utilizar el recurso de cooperación internacional de INTERPOL para materializar dicha persecución en violación del derecho administrativo global que la rige.

Ante este régimen internacional, por tanto, sin duda estamos en presencia de un procedimiento administrativo global que se desarrolla a petición de parte interesada, que es una persona natural ciudadana de cualquiera de los Estados miembros, ante una Administración global, aplicándose el derecho de dicha Organización, en particular la prohibición contenida en el artículo 3 del Estatuto de INTERPOL, para la protección de sus derechos fundamentales de la persona recurrente.

Dicho procedimiento administrativo global, cuando se ha utilizado para garantizar la efectividad del artículo 3 del Estatuto, siempre que se trate de datos de carácter personal, y haya elementos jurídicos suficientes para justificar una petición de revisión de registro de datos o de publicación de notificaciones o alertas y su difusión, e incluso de oposición al registro o a la publicación o difusión, los órganos de INTERPOL al decidir, en consecuencia, lo que hacen es proteger el derecho fundamental reclamado por los ciudadanos en contra de las pretensiones de las Oficinas Centrales Nacionales de los Estados Miembros solicitantes del registro o de la notificación rechazados.

De lo anterior resulta, en todo caso, que conforme al derecho administrativo global que regula a INTERPOL para canalizar la cooperación internacional en materia policial, se han regulado sendos procedimientos administrativos globales que se desarrollan ante una Administración Global, destinados a asegurar que en el tratamiento de datos personales o de información policial ante INTERPOL, no sólo se asegure que la Organización actúe en el marco del principio de la legalidad, en un todo conforme s su Estatuto y a sus Reglamentos, sino se asegure también la protección directa de las personas naturales, que incluso se desarrollan ante la misma Administración global, sin la intermediación o intervención de las Oficinas Centrales nacionales de los Estados

Miembros de la Organización, y como se dijo, en la mayoría de los casos, quizás, contra las pretensiones de los mismos.

Dichos procedimientos, como se ha visto del análisis antes efectuado, unos de carácter constitutivo y otros de examen, control o revisión, sin duda, responden a la lógica de los procedimientos administrativos, en el sentido de que no sólo están destinados a garantizar la efectividad de la acción de la Organización, sino además, a garantizar los derechos de los administrados.

Por otra parte, ante la INTERPOL, como Administración Global, los interesados son todos los ciudadanos de los Países Miembros, es decir, materialmente, todos los ciudadanos del mundo, quienes tienen derecho a dirigir peticiones directamente ante la Organización, para solicitar que se garanticen sus derechos fundamentales, particularmente sus derechos a la libertad personal y a la libre circulación, cuando son perseguidos por los Estados miembros por ejemplo, por delitos comunes pero sin respetarse las condiciones establecidas en el Estatuto y los Reglamentos de la Organización, o cuando son perseguidos por delitos políticos, militares, religiosos o raciales por los Estados miembros, y los Oficinas Centrales Nacionales de los mismos pretenden utilizar el recurso de cooperación internacional de INTERPOL para materializar dicha persecución, en violación al Estatuto de la Organización.

Dichos procedimientos administrativos globales, además, desarrollados ante una Administración Global como INTERPOL en aplicación del derecho administrativo global que la rige, y que incorpora expresamente al mismo el texto de la Declaración Universal de los Derechos Humanos, para garantizar su efectividad están controlados por órganos independientes estructurados dentro de la misma Organización, como la Comisión de Control de Ficheros, entre otros aspectos, para garantizar la protección de sus derechos fundamentales de las personas.

Ello puede considerarse, sin duda, no sólo como un avance fundamental en el afianzamiento del imperio de la ley tanto a nivel internacional como nacional, sino del desarrollo del propio derecho administrativo global.

EPÍLOGO:
UN CASO DE APLICACIÓN PRÁCTICA DEL PROCEDIMIENTO ADMINISTRATIVO GLOBAL ANTE INTERPOL

El trabajo que conforma este libro, lo comencé a redactar a comienzos de julio de 2006, a raíz del anuncio de la pretensión por parte de funcionarios del Estado venezolano, de pretender utilizar los canales de INTERPOL para materializar la persecución política que se había iniciado en mi contra en 2005, y que el gobierno de Venezuela había comenzado a desarrollar por hechos que habían ocurrido tres años antes, en 2002, pretendiendo utilizar ilegal e ilegítimamente a la INTERPOL para ello, violentando su Estatuto, y en contra de los principios que rigen el sistema de cooperación internacional que está a cargo de la Organización.

El motivo para perseguirme políticamente fue una injusta imputación y acusación formulada durante 2005 contra un grupo de abogados, incluido yo, carente de todo fundamento, por uno de los delitos más típicamente políticos, como lo es el delito de rebelión o "conspiración para cambiar violentamente la Constitución," el cual nunca cometí, y en relación con el cual, en todo caso, INTERPOL tenía prohibición expresa de intervenir.

Esa situación fue, en realidad, lo único que puede explicar que un profesor de derecho administrativo se hubiese adentrado en el estudio del régimen jurídico de la INTERPOL, y del sistema de cooperación policial internacional, lo que me permitió identi-

ficar no solo la existencia de un derecho administrativo global en la materia, sino de Administración global, ante la cual se desarrollan unos procedimientos administrativos globales de carácter constitutivo y de examen o revisión de actos relativos al tratamiento de datos personales, donde se regula, entre otros aspectos, el derecho de petición y a obtener oportuna respuesta a favor de todos los ciudadanos nacionales de los 190 países que conforman la Organización. De no haber sido objeto de la injusta acusación y de la persecución política en mi contra, la verdad es que quizás nunca me habría adentrado en el estudio del tema.

Desde diciembre de 2005 había sido nombrado Profesor Adjunto de Derecho en la Universidad de Columbia, de manera que las primeras notas que originaron este estudio, las comencé a escribir estando en Nueva York, en julio de 2006, apenas se anunció por la prensa la pretensión de funcionarios del Estado de utilizar a la INTERPOL para perseguirme, y las mismas fueron el resultado de las investigaciones iniciales que hice con el objeto de defenderme mediante un recurso de petición que con la asistencia de León Henrique Cottin, presentamos ante la Secretaría de INTERPOL y de su Comisión de Control de Ficheros de dicha Organización el 4 de julio de 2006, en el cual nos opusimos a las anunciadas pretensiones de los funcionarios del Estado venezolano de utilizar a la Organización internacional en mi contra, para sus fines de persecución política.

El procedimiento global que iniciamos, concluyó al año siguiente, en julio 2007, con la decisión adoptada por la INTERPOL en contra el Estado venezolano, como Estado miembro, respondiendo a mi petición, y en consecuencia, ordenando eliminar de los archivos y registros de la Organización, todos los datos relativos a mi persona.

El tema de fondo lo seguí trabajando, hasta redactar un primer estudio sobre el procedimiento administrativo global en ma-

*teria de cooperación policial internacional que por invitación de mis amigos los profesores **Manuel Ballbé**, de Barcelona, y **José Ramón Parada Vázquez**, de Madrid, expuse en el **Foro sobre Desafíos de la Seguridad Global** organizado por la **Universidad Internacional Menéndez Pelayo** en La Línea de la Concepción, en la frontera con el Peñón de Gibraltar, en octubre de 2008. En dicho evento, en medio de policías de alto rango de España, de toda Europa y de otros países, quienes eran básicamente los asistentes, expuse por primera vez el tema, que incluso a muchos les resultó una novedad. Entre ellos, debo mencionar a **María Marcos Sandoval,** alta funcionaria de España, quien fue muy amable en compartir conmigo sus conocimientos sobre el tema.*

*Posteriormente, el mismo tema lo discutí en otros foros académicos, y en particular con ocasión de las conferencias que dicté en el **Tercer Congreso Internacional de Derecho Administrativo** sobre **Derecho Administrativo Global** organizado por el **Instituto de Investigaciones Jurídicas de la Universidad Nacional Autónoma de México** y la **Facultad de Derecho y Criminología de la Universidad Autónoma de Nuevo León**, en Monterrey, Nuevo León, los días 23 a 25 de abril de 2009; y en el Seminario de Derecho Administrativo dirigido por el Profesor **Luciano Parejo Alfonso**, en la **Facultad de Ciencias Jurídicas y Sociales, Universidad Carlos III de Madrid**, Madrid, el día 31 de mayo de 2011.*

*Como resultado del trabajo que hasta entonces había realizado, una versión en inglés salió publicada con el título de "Global Administrative Law on International Police Cooperation: A Case of Global Administrative Law Procedure," en el libro coordinado por los profesores **Javier Robalino-Orellana** y **Jaime Rodríguez-Arana** Muñoz, **Global Administrative Law Towards a Lex Administrativa**, editado por Cameron May International Law & Policy, en Londres en 2010.*

Ahora, por amable iniciativa de Eugenio Vargas Chavarría, de la Editorial Investigaciones Jurídicas Srl. de San José, Costa Rica, aparece publicado el estudio en español, ampliado y adaptado a las previsiones más recientes de las reformas de los Estatutos (2008), y de los Reglamentos (2009 y 2011) de INTERPOL. Cumplo así la sugerencia que muchos amigos me hicieron en los últimos años de que publicara algo sobre este tema, entre quienes están los profesores **León Enrique Cottin, Rafael Odreman y Pedro Nikken**, *mis defensores en Caracas, Lyon, Washington y Costa Rica;* **Olivo Rodríguez Huertas**, *de Santo Domingo, quien fue de los primero que se interesó y ocupó de este tema;* **José Antonio Muci Borjas**, *de Caracas, y* **José Eugenio Soriano**, *de Madrid.*

A todos ellos va dedicada esta publicación, al igual que a todos los amigos que en una forma u otra, en ocasiones diversas, aún sin saberlo, me ayudaron a conformar mi apreciación práctica respecto de la operatividad de los procedimientos administrativos globales ante INTERPOL, con ocasión a diversas visitas que hice a varios países. Entre ellos, están los profesores **Olivo Rodríguez,** *en Santo Domingo;* **Domingo García Belaúnde,** *en Lima;* **Luciano Parejo Alfonso,** *en Madrid;* **Roberto Cuellar**, *en San José;* **William Zambrano, Jaime Orlando Santofimio y Sandra Morelli**, *en Bogotá;* **José Luis Cea Egaña** *en Santiago de Chile, y* **Osvaldo Gozaini**, *en Buenos Aires.*

Todos ellos, con ocasión de invitaciones que me formularon para participar en diversos eventos académicos en sus respectivos países, y en razón de no haber yo recibido directamente la respuesta que esperaba de INTERPOL poniendo fin al procedimiento, muy amablemente realizaron consultas en los servicios respectivos de seguridad y migración en sus países, para despejar dudas sobre si habría algún requerimiento de INTERPOL en mi contra,- que nunca lo hubo -. La verdad es que en mi caso, de

INTERPOL nunca salió medida alguna que pudiera significar restricción de mi libertad, y lo único que hubo fue la difusión de una nota informativa de lo que había pretendido el gobierno de Venezuela, lo que fue demostración de que la INTERPOL, en mi caso, siempre actuó con estricto apego a la Ley que la rige.

Por ello, precisamente, la decisión adoptada por INTERPOL de eliminar de su base de datos, al concluir el procedimiento global, de la mencionada nota informativa y de toda información sobre mí persona, como incluso lo expresó formalmente la Secretaría de INTERPOL al juez de la causa en Caracas.

Lo único anormal que ocurrió en el procedimiento, sin embargo, fue que la oportuna respuesta que efectivamente dio la INTERPOL a mi recurso de 4 de julio de 2006, con fecha 1 de agosto de 2007, nunca llegó formalmente a mis manos, pero no por falta atribuible a la Organización, sino por el hecho de que al haber sido enviada confiadamente por correo desde Lyon a la dirección de mi abogado en Caracas, nunca llego a su destinatario, habiendo sido sin duda ilegítimamente interceptada por la policía política local.

Solo fue con ocasión de un reclamo que formulé en 2010 ante la INTERPOL, por haberme yo encontrado con la "sobrevivencia" de la información que la Organización había mandado eliminar, referente a la pretensión de Venezuela en mi contra, en el terminal de inmigración del Aeropuerto de Mendoza, Argentina, cuando llegue el en junio de 2009 para asistir a un evento académico en San Juan de la Frontera, cuando al fin en febrero de 2010 recibí la copia de la oportuna respuesta de INTERPOL a mi recurso, que me había sido enviada tres años antes, y cuyas copias la Comisión de Control de Ficheros de Interpol tuvo la amabilidad de reenviarme a Nueva York, luego de que los originales nunca llegaron a su destino por la persecución que incluso se materializó en la ilegítima intervención del correo.

Como en todo caso el procedimiento administrativo global que desarrollé ante INTERPOL puede considerase un caso práctico ilustrativo de lo que se explica en este libro, y prueba de que el mismo funciona efectivamente, he considerado conveniente resumir lo ocurrido, en este Epílogo, en la siguiente forma:

1. **La imputación y acusación penal en mi contra por un delito político que nunca cometí, y la solicitud formulada ante la INTERPOL por la Oficina Central Nacional de Venezuela para perseguirme políticamente**

Después de haberme opuesto, como académico y hombre público, desde 1998, a las pretensiones autoritarias de Hugo Chávez Frías no era difícil imaginar que más pronto que tarde habría persecución política. Durante la campaña presidencial de 1998, adversé su propuesta electoral de convocar una Asamblea Nacional Constituyente no prevista en la Constitución de 1961, sin reformarla previamente para tal efecto.[60] Además, marqué mi diferencia con él en materia democrática, en mi condición de Presidente de la Academia de Ciencias Políticas y Sociales, en el Ciclo público que organicé en la Academia con la participación de todo los candidatos presidenciales de 1998, al presentarlo, advirtiendo que entre los candidatos, Chávez era el que menos antecedentes democráticos tenía,[61] pues había saltado a la palestra política en 1992, como autor de un intento de golpe militar contra el gobierno democrático. El tiempo, sin duda, me dio la razón, pues durante su gobierno, hasta su fallecimiento en 2013,

---

60 Véase Allan R. Brewer-Carías, *Asamblea Constituyente y Proceso Constituyente 1999*, Colección Tratado de Derecho Constitucional, Fundación de Derecho Público, Editorial Jurídica Venezolana, Caracas 2014.

61 Véase en Allan R. Brewer-Carías (Coord.), *Los Candidatos Presidenciales ante la Academia. Ciclo de Exposiciones 10-18 Agosto 1998*, Serie Eventos N° 12, Biblioteca de la Academia de Ciencias Políticas y Sociales, Caracas 1998.

lo que hizo fue desmantelar totalmente la democracia y el Estado de derecho en el país.[62]

Luego de que Chávez fuera electo Presidente, y decretara en febrero de 1999 la convocatoria de un referendo consultivo para que el pueblo se pronunciarse sobre una Asamblea Constituyente no prevista en la Constitución, con poderes originarios, fui de los primeros en ejercer personalmente una acción popular de inconstitucionalidad contra dicha convocatoria,[63] lo cual al final obligó al Presidente a modificar su Decreto, el cual fue adicionalmente controlado por la Corte Suprema, aun cuando tardíamente, eliminando el carácter originario de la Asamblea. [64]

Convocada la Asamblea, me postulé como candidato independiente y fui electo Constituyente mediante postulación de propia iniciativa, y con el apoyo de toda la oposición democrática, siendo uno de los apenas cuatro integrantes de esa Asamblea que fuimos electos desde la disidencia y contra el proyecto político del Presidente Chávez. Desde esa curul defendí con denuedo los principios del constitucionalismo democrático, y me opuse a la usurpación del poder llevada a cabo por la Asamblea Nacional Constituyente en 1999;[65] intervine en casi todas las sesiones, propuse proyectos, salvando mi voto en todos los actos de inter-

---

62   Véase en Allan R. Brewer-Carías, *Dismantling Democracy. The Chávez Authoritarian Experiment,* Cambridge University Press, New York 2010.

63   Véase el texto del recurso de inconstitucionalidad en Allan R Brewer-Carías, *Asamblea Constituyente y Ordenamiento Constitucional*, Serie Estudios N° 53, Biblioteca de la Academia de Ciencias Políticas y Sociales, Caracas 1999.

64   Véase el análisis de las sentencias de la Corte Suprema de Justicia en Allan R Brewer-Carías *Poder Constituyente Originario y Asamblea Nacional Constituyente (Comentarios sobre la interpretación jurisprudencial relativa a la naturaleza, la misión y los límites de la Asamblea Nacional Constituyente),* Colección Estudios Jurídicos N° 72, Editorial Jurídica Venezolana, Caracas 1999, 296 pp.

65   Véase Allan R. Brewer-Carías, *Golpe de Estado y Proceso Constituyente en Venezuela*, Instituto de Investigaciones Jurídicas, Universidad Nacional Autónoma de México, México 2002, 405 pp.

vención de los poderes constituidos, en particular del poder legislativo y especialmente del poder judicial[66], y oponiéndome a la propuesta política del Presidente Chávez en todo cuanto ésta tenía de presidencialismo extremo, centralismo, concentración del poder, estatismo, militarismo y autoritarismo.[67]

Voté en contra del texto constitucional sancionado por la Asamblea Nacional Constituyente e hice activa campaña en contra de su aprobación cuando el mismo fue sometido a referéndum popular,[68] advirtiendo que la Constitución, tal como había sido aprobada, conformaba:

*"Un **esquema institucional concebido para el autoritarismo derivado de la combinación del centralismo del Es-***

---

66 Véase mi voto salvado en Allan R. Brewer-Carías, *Debate Constituyente (Aportes a la Asamblea Nacional Constituyente), Tomo I (8 agosto-8 septiembre 1999)*, Fundación de Derecho Público-Editorial Jurídica Venezolana, Caracas 1999, 233 pp.

67 Todas mis propuestas y votos salvados se publicaron en Allan R. Brewer-Carías, *Debate Constituyente (Aportes a la Asamblea Nacional Constituyente), Tomo II (9 septiembre-17 octubre 1999)*, Fundación de Derecho Público-Editorial Jurídica Venezolana, Caracas 1999, 286 pp.; y *Debate Constituyente (Aportes a la Asamblea Nacional Constituyente), Tomo III (18 octubre-30 noviembre 1999)*, Fundación de Derecho Público-Editorial Jurídica Venezolana, Caracas 1999, 340 pp.

68 Véase "Razones para el voto No" expuestas para el referendo aprobatorio de la Constitución, en Allan R. Brewer-Carías, *Debate Constituyente (Aportes a la Asamblea Nacional Constituyente), Tomo III (18 octubre-30 noviembre 1999)*, Fundación de Derecho Público-Editorial Jurídica Venezolana, Caracas 1999, pp. 311-336; y Allan R. Brewer-Carías, *«Reflexiones críticas sobre la Constitución de Venezuela de 1999»* en el libro de Diego Valadés, Miguel Carbonell (Coordinadores), *Constitucionalismo Iberoamericano del Siglo XXI*, Cámara de Diputados. LVII Legislatura, Universidad Nacional Autónoma de México, México 2000, pp. 171-193; en *Revista de Derecho Público*, N° 81, Editorial Jurídica Venezolana, Caracas, enero-marzo 2000, pp. 7-21; en *Revista Facultad de Derecho, Derechos y Valores*, Volumen III N° 5, Universidad Militar Nueva Granada, Santafé de Bogotá, D.C., Colombia, Julio 2000, pp. 9-26; y en el libro *La Constitución de 1999*, Biblioteca de la Academia de Ciencias Políticas y Sociales, Serie Eventos 14, Caracas 2000, pp. 63-88.; y *«El proceso constituyente y la fallida reforma del Estado en Venezuela»* en *Estrategias y propuestas para la reforma del Estado*, Universidad Nacional Autónoma de México, México 2001, pp. 25-48.

tado, el presidencialismo exacerbado, la democracia de partidos, la concentración de poder en la Asamblea y el militarismo, que constituye el elemento central diseñado para la organización del poder del Estado. *En mi opinión -agregaba-, esto no es lo que se requería para el perfeccionamiento de la democracia; la cual al contrario, se debió basar en la descentralización del poder, en un presidencialismo controlado y moderado, en la participación política para balancear el poder del Estado y en la sujeción de la autoridad militar a la autoridad civil. "[69]*

El tiempo, de nuevo, me dio la razón. [70]

A partir de 2000, de nuevo me enfrenté constitucionalmente a la ilegítima transitoriedad constitucional en la cual se había colocado a la República; continué denunciando las subsecuentes inconstitucionalidades cometidas desde el poder,[71] y en 2001 denuncié la usurpación del poder de legislar por parte del Presidente de la República, con la emisión de cerca de 50 leyes fundamentales mediante decretos leyes inconsultos.[72] Además, a co-

---

69   Documento de 30 de noviembre de 1999. Véase en Allan R. Brewer-Carías, *Debate Constituyente (Aportes a la Asamblea Nacional Constituyente)*, Tomo III, Fundación de Derecho Público, Editorial Jurídica Venezolana, Caracas 1999, p. 339.

70   Véase Allan R. Brewer-Carías, *Authoritarian Government v. The Rule Of Law. Lectures and Essays (1999-2014) on the Venezuelan Authoritarian Regime Established in Contempt of the Constitution*, Fundación de Derecho Público, Editorial Jurídica Venezolana, Caracas 2014; y *Estado Totalitario y desprecio a la Ley. La desconstitucionalización, desjuridificación, desjudicialización y desdemocratización de Venezuela*, Fundación de Derecho Público, Editorial Jurídica Venezolana, 2014.

71   Allan R. Brewer-Carías, *Golpe de Estado y Proceso Constituyente en Venezuela*, Universidad Nacional Autónoma de México, México 2002.

72   Véase Allan R. Brewer-Carías, *"Apreciación general sobre los vicios de inconstitucionalidad que afectan los Decretos Leyes Habilitados"* en *Ley Habilitante del 13-11-2000 y sus Decretos Leyes*, Academia de Ciencias Políticas y Sociales, Serie Eventos N° 17, Caracas 2002, pp. 63-103; "El régimen constitucional de los Decretos Leyes y de los actos de gobierno" en *Bases y Principios del Sistema Constitu-*

*mienzos de 2002, como recapitulación sobre la gestión autorita-
ria de gobierno que el país ya había padecido en los dos años
precedentes, denuncié todas las violaciones que desde el gobierno se habían cometido contra los principios de la democracia
que venían de ser declarados en la Carta Democrática Interamericana de septiembre de 2001, en un documento que tuvo amplia
circulación por Internet.*[73]

*En un régimen autoritario como el de Chávez, en todo caso,
era claro que esa oposición política no podía prolongarse, por lo
que la persecución política en mi contra no se hizo esperar. A tal
efecto, usando los medios judiciales que controlaba, el 27 de
enero de 2005 una Fiscal del Ministerio Público (quien a partir
de 2007 ejerció el cargo de Fiscal General de la República),*[74] *me
formuló una infundada imputación penal por la supuesta "comisión del delito de **conspiración para cambiar violentamente la
Constitución"** previsto y sancionado en el artículo 143.2 del*

---

cional Venezolano (Ponencias del VII Congreso Venezolano de Derecho Constitu-
cional realizado en San Cristóbal del 21 al 23 de noviembre de 2001)*, Asociación
Venezolana de Derecho Constitucional, Universidad Católica del Táchira, San
Cristóbal, 2002, pp. 25-74.

73 Véase Allan R. Brewer-Carías, *Aide Memoire, febrero 2002. La democracia venezolana a la luz de la Carta Democrática Interamericana*, Caracas 12 de febrero de
2002, disponible en http://www.allanbrewercarias.com/Content/449725d9-f1cb-
474b-8ab2-
41efb849fea3/Content/I,%202,%2021.%20La%20democracia%20venezolana%20a
%20la%20luz%20de%20la%20Carta%20Democratica%20Interamericana%20_02-
02-_SIN%20PIE%20DE%20PAGINA.pdf

74 En un nombramiento, por lo demás, cuestionado. Véase Allan R. Brewer-Carías,
"Sobre el nombramiento irregular por la Asamblea Nacional de los titulares de los
órganos del poder ciudadano en 2007," en *Revista de Derecho Público*, N° 113, Caracas 2008. La misma Fiscal General fue reelecta en diciembre de 2014, igualmente
violentando la Constitución, en lo que sin duda fue un nuevo golpe de Estado dado
por los poderes Legislativo y Judicial. Véase Allan R. Brewer-Carías, *El golpe de Estado dado en diciembre de 2014, con la inconstitucional designación de las altas
autoridades del poder público*," 1 de enero de 2015, disponible en
http://www.allanbrewerca-rias.com/Content/449725d9-f1cb-474b-8ab2-
41efb849fea3/Content/I.2.108.pdf

Código, que tiene lugar cuando "dos o más personas se ponen de acuerdo (conspiración) para cambiar violentamente la Constitución," por haber supuestamente participado "en la discusión, elaboración, redacción y presentación" del decreto constitutivo del llamado gobierno de transición que el Sr. Pedro Carmona Estanga anunció el 12 de abril de 2002; hecho que he afirmado y reafirmado, que es completamente falso.

En efecto, durante la madrugada de ese día 12 de abril, el jefe militar de mayor jerarquía en el país, general en jefe Lucas Rincón, a la sazón Inspector General de la Fuerza Armada, se dirigió a la Nación por televisión, acompañado del Alto Mando Militar, e informó que esa cúpula castrense había solicitado la renuncia al Presidente de la República y que éste así lo había aceptado,[75] todo lo cual configuró una grave crisis constitucional. Ello originó que ese mismo día, a instancia de los militares, se constituyera un "gobierno de transición democrática" presidido por el Sr. Pedro Carmona, el cual resolvió la disolución de los poderes públicos y otras medidas extremas, en lo que sin duda fue un golpe contra la Constitución.

Además de las numerosas noticias que aparecieron en los medios de comunicación venezolanos sobre los mencionados sucesos, se publicaron algunas apreciaciones de periodistas que no habían sido testigos presenciales de los eventos, vinculándome

---

75 Las palabras textuales del General Rincón fueron las siguientes: "Pueblo venezolano, muy buenos días, los miembros del Alto Mando Militar de la Fuerza Armada Nacional de la República Bolivariana de Venezuela deploran los lamentables acontecimientos sucedidos en la ciudad capital el día de ayer. **Ante tales hechos se le solicitó al señor Presidente de la República la renuncia a su cargo, la cual aceptó.** Los miembros del Alto Mando Militar ponemos, a partir de este momento, nuestros cargos a la orden, los cuales entregaremos a los oficiales que sean designados por las nuevas autoridades". (Énfasis añadido). Véase Albor Rodríguez (ed), *Verdades, mentiras y Videos. Lo más relevante de las interpelaciones en la Asamblea Nacional sobre los sucesos de abril,* Libros El Nacional, Caracas 2002, pp. 13-14.

con el decreto constitutivo de dicho "gobierno de transición," comentando que yo habría redactado tal decreto y propuesto su borrador, lo cual es falso, pues el texto del mismo que se me sometió a consulta jurídica a requerimiento del Sr. Carmona, para que como abogado emitiera una opinión jurídica sobre el mismo, en la misma madrugada del 12 de abril, ya estaba redactado.

Por eso me apresuré a desmentir semejante especie, y para ello, el día 16 de abril de 2002 convoqué como era lo procedente, a una rueda de prensa.[76] Con posterioridad hice el mismo desmentido en numerosas declaraciones y escritos y en libros que han sido publicado, entre ellos, el titulado: **La crisis de la Democracia Venezolana. La Carta Democrática Interamericana y los sucesos de abril de 2002**[77]*, y el titulado:* **En mi propia Defensa. Respuesta preparada con la asistencia de mis defensores Rafael**

---

76   Véase las siguientes reseñas de la rueda de prensa: "Allan Brewer Carías responde a las acusaciones: No redacté el Decreto de Carmona Estanga" reseña por Ana Damelis Guzmán, *El Globo*, Caracas, 17/04/02, p. 4: "El abogado desmiente haber redactado acta constitutiva de gobierno transitorio; Brewer Carías se desmarca de Pedro Carmona Estanga", reseña por Felipe González Roa *Notitarde*, Valencia, 17/04/02, p. 13; "Brewer-Carías: No sé quien redactó el decreto de Carmona", reseña por Jaime Granda, *El Nuevo País*, Caracas, 17/04/02, p. 2; "Señaló Brewer Carías; Carta Democrática Interamericana podría ser aplicada a Chávez Frías", <reseña> *El Siglo*, Maracay, 17/04/02, p. A-10; "Brewer-Carías niega haber redactado el decreto", reseña por Juan Francisco Alonso, *El Universal*, Caracas, 17/04/02, p. 1-4; y "Constituyente Allan Brewer Carías: Carta democrática paradójicamente se aplica a los opositores de Chávez y no a su gestión", reseña de Eucaris Perdomo, diario *2001*, Caracas, 17/04/02, p. 9. Véase el texto de estas reseñas periodísticas en el libro Allan R. Brewer-Carías, *En mi propia defensa. Respuesta preparada con la asistencia de mis defensores Rafael Odreman y León Henrique Cottin contra la infundada acusación fiscal por el supuesto delito de conspiración,* Editorial Jurídica Venezolana, Caracas 2006, pp. a 192).

77   Véase Allan R. Brewer-Carías, *La crisis de la democracia venezolana. La Carta Democrática Interamericana y los sucesos de abril de 2002,* Los Libros de El Nacional, Colección Ares, Caracas 2002, 263 pp.

Odreman y León Enrique Cottin contra la infundada acusación fiscal por el supuesto delito de conspiración.[78]

*Ello, por lo demás, lo aclaró el propio señor Carmona en un libro intitulado **Mi Testimonio ante la Historia**, Caracas 2004, y en declaración auténtica que formuló ante Notario Público el día 23 de febrero de 2006 en Bogotá,*[79] *reiterando cómo me llamó para que, como abogado, le diera una opinión jurídica sobre el mismo, precisando incluso que yo incluso le formulé objeciones al proyecto de decreto que se me presentó.*[80]

Por lo demás, yo había permanecido fuera de Venezuela durante las dos semanas precedentes a aquella crisis política, habiendo regresado a Caracas en la noche del día 9 de abril, sin haber podido siquiera participar en las multitudinarias protestas que precedieron la crisis y en las cuales se solicitó la renuncia del Presidente, lo que hacía imposible que hubiera estado "conspirando" y menos con los militares que se rebelaron contra la autoridad del Presidente de la República, a quienes ni conocía

---

78 Allan R. Brewer-Carías, *En mi propia defensa. Respuesta preparada con la asistencia de mis defensores Rafael Odreman y León Henrique Cottin contra la infundada acusación fiscal por el supuesto delito de conspiración,* Editorial Jurídica Venezolana, Caracas 2006, 606 pp. Este libro contiene el escrito de 08-11-2005 de contestación a la acusación penal formulada contra el Dr. Brewer Carías, en el cual se denuncian todas las violaciones a sus derechos y garantías judiciales cometidas durante el proceso de imputación y en la acusación.

79 Véase el texto en Allan R. Brewer-Carías, *En mi propia defensa... cit.*, Editorial Jurídica Venezolana, Caracas 2005, pp. 591-598.

80 Véase sobre mi legítima actuación como abogado en ese caso, lo expuesto en el *Amicus Curiae* presentado por la Federación Interamericana de Abogados ante la Corte Interamericana de Abogados, en 2013, en el libro: Federación Interamericana de Abogados, *En defensa del libre ejercicio de la profesión de Abogado y la Independencia Judicial, El caso Allan R. Brewer-Carías vs. Venezuela ante la Corte Interamericana de Derechos Humanos. Amicus Curiae presentado por la Inter-American Bar Association,* Federación Interamericana de Abogados Washington, D.C. 2013.

En todo caso, la instrucción oficial emanada del gobierno fue la de que a mí se me debía perseguir, y bastó como motivo pare ello, el sólo hecho de haber sido llamado como abogado a dar una opinión jurídica sobre un documento que se me presentó. La persecución se materializó inicialmente con la "denuncia" formulada en mi contra y contra otros distinguidos abogados, el 22 de mayo de 2002, por un militar activo, Coronel del Ejército, "siguiendo órdenes del alto gobierno," quien textualmente afirmó ante el Ministerio Público venezolano, después de aclarar que en realidad no acusaba a nadie, que lo que había hecho era referirse a lo que llamó como:

> "un **hecho notorio comunicacional** reiterado y por todos conocidos a través de los diversos medios de comunicación que los autores de dicho decreto son los ciudadanos Allan Brewer Carías, Carlos Ayala Corao, Cecilia Sosa y Daniel Romero, conocidos los tres primeros como expertos en materia constitucional, tal como se desprende de los artículos periodísticos que de seguida referimos..."

Es decir, se trató de una denuncia que no era una denuncia, sino una narrativa de un supuesto "hecho notorio comunicacional" con base en el cual el Estado pretendió desvirtuar e invertir la presunción de inocencia de los nombrados, basándose en publicaciones de versiones, rumores y meras opiniones de algunos periodistas, cuyos recortes de prensa y videos posteriormente se incorporaron al acta de imputación como "elementos probatorios." Todo ello, incluso, lo ratificaron los funcionarios acusadores en septiembre de 2013 en la audiencia desarrollada en el *juicio que intenté contra el Estado venezolano ante la Corte Interamericana de Derechos Humanos.[81]*

Después de enfrentar jurídica y judicialmente durante los primeros nueve meses del año 2005 la infundada imputación que se me hizo, basada esencialmente en recortes de prensa de opiniones de periodistas referenciales, en septiembre de ese año, el entonces Fiscal General de la República (Isaías Rodríguez), violó abierta y directamente mi garantía a la presunción de inocencia y a la defensa, condenándome de antemano, violando las más elementales normas legales y éticas que rigen al Ministerio Público, al publicar un libro de su autoría titulado "Abril comienza en Octubre" (2005), en el cual hizo suyos los malintencionados comentarios periodísticos, dando por cierto hechos que eran falsos. Es decir, el Jefe del Ministerio Público en medio de la fase de investigación de un proceso penal, sacaba y copiaba datos del expediente, y públicamente me condenaba por el hecho que sus subalternos me imputaron. Denuncié en comunicación enviada a dicho Fiscal General la masiva violación de sus garantías judiciales, y salí de Venezuela a finales de septiembre de 2005, como lo había hecho tantas veces durante mi carrera académica, a atender compromisos académicos en el exterior.

Como era de esperarse, estando yo fuera de Venezuela, en particular dando unas conferencias en Berlín, Alemania, el 21 de octubre de 2005 el Ministerio Público me acusó formalmente ante el juez de la causa por el delito de "conspiración para cambiar violentamente la Constitución," solicitando la privación de mi libertad, lo que hizo que prudentemente que decidiera retras-

---

81 Véase en Allan R. Brewer-Carías, *El caso Allan R. Brewer-Carías vs. Venezuela ante la Corte Interamericana de Derechos Humanos. Estudio del caso y análisis crítico de la errada sentencia de la Corte Interamericana de Derechos Humanos Nº 277 de 26 de mayo de 2014*, Colección Opiniones y Alegatos Jurídicos, Nº 14, Editorial Jurídica Venezolana, Caracas 2014.

ar mi regreso al país. Ello, sin embargo, no impidió que mis abogados solicitaran al juez la nulidad de todo lo actuado mediante el ejercicio de un amparo penal el cual, sin embargo, jamás fue decidido por el juez, violando mi derecho a la protección judicial.

Estando en Nueva York, en diciembre de ese mismo año 2005 se concretó el proyecto que había venido delineado desde meses antes con la Facultad de Derecho de la Universidad de Columbia Fui nombrado profesor adjunto de derecho en la misma, donde comencé, al poco tiempo, a dictar un curso sobre la acción de amparo en el derecho constitucional comparado.

Como también era de esperarse, el Juez Penal de Control, atendiendo la solicitud de la Fiscal acusadora que resentía que yo estuviese enseñando en el exterior, nueve meses después de intentada la acusación, el día 15 de junio de 2006, procedió a dictar la medida preventiva de privación de libertad en mi contra, con el propósito de pretender obligarme a regresar a Venezuela y comparecer al viciado juicio que se seguía en mi contra y contra otros distinguidos abogados, el cual en definitiva nunca se desarrolló, pues en el mismo nunca se llegó a efectuar la audiencia preliminar la cual fue siempre pospuesta por el juez, hasta que en diciembre de 2007 se dictó una Ley de Amnistía,[82] y el juicio se extinguió, por supuesto para todos los acusados excepto respecto de mi persona. Esa fue la torcida interpretación que el Ministerio Público le dio a dicha Ley de Amnistía.

La decisión de privación de libertad que se adoptó, en definitiva, en realidad lo que de hecho significó, fue una "prohibición de regresar al país," pues de hacerlo no sería para otra cosa que no fuera para ser privado de libertad sin expectativa alguna de

---

82 Véase el Decreto-Ley N° 5.790, de Ley Especial de Amnistía, *Gaceta Oficial* N° 5.870 de 31-12-07.

juicio justo, ya que no había posibilidad alguna de confiar en un Poder Judicial que ya estaba completamente sometido y controlado por el poder, como también el tiempo lo demostró, de manera que no podía poder esperar que en mi caso, se pudiera desarrollar un juicio en el cual se respetaran las garantías judiciales.[83] Esas violaciones a mis garantías las denuncié en enero de 2007 ante el Sistema Interamericano de protección de los Derechos Humanos, y lamentablemente, después de un largo proceso de siete años, lo que decidió la Corte Interamericana de Derechos Humanos en mayo de 2014, contrariando su propia jurisprudencia, fue archivar el expediente decidiendo, en definitiva, que yo debía regresar a Venezuela para que me hicieran preso, y entonces tratar de agotar recursos internos en un juicio ya extinguido, que por lo demás no solo yo ya había agotado desde 2005 (amparo penal), sino que de haber existido otros recursos, conforme a la jurisprudencia de la propia Corte Interamericana, no podía exigirse que se agoten si lo que se denuncia era precisamente la ausencia de un Poder Judicial autónomo e independiente. El abandono de esa sabia jurisprudencia garantista sentada desde las primeras sentencias de la Corte, lamentablemente lo que mostró fue el grado de extensión de las garras del Estado perseguidor, que por la factura petrolera que dispensaba, llegó a controlar la mayoría de los votos en la Organización de Estados Americanos, que es la que elige a los jueces de la Corte, y con

---

83   Sobre la situación del Poder Judicial, entre los más recientes trabajos, véase: Allan R. Brewer-Carías, "The Government of Judges and Democracy. The Tragic Situation of the Venezuelan Judiciary," en el libro: *Venezuela. Some Current Legal Issues 2014, Venezuelan National Reports to the 19th International Congress of Comparative Law, International Academy of Comparative Law, Vienna, 20-26 July 2014*, Academia de Ciencias Políticas y Sociales, Caracas 2014, pp. 13-42. Igualmente en el libro Allan R. Brewer-Carías, *Estado Totalitario y desprecio a la Ley. La desconstitucionalización, desjuridificación, desjudicialización y desdemocratización de Venezuela*, Fundación de Derecho Público, Editorial Jurídica Venezolana, 2014.

cuyos votos contaba incluso uno de ellos, en los días en que se dictó la sentencia, en su aspiración, luego fallida, de ser electo como Secretario General de dicha Organización.[84]

En todo caso, ante la decisión del juez penal en junio de 2006 ordenando se me persiguiera, la reacción del gobierno, como anunciaron funcionarios gubernamentales, fue la de intentar proceder a ejecutar una orden de captura nacional e internacional,[85] *a cuyo efecto, el Ministerio Público instó a la justicia penal a requerir de la INTERPOL que se me capturara internacionalmente.*

Ante esa amenaza, y ya habiendo conocido en mi investigación sobre la existencia del procedimiento administrativo global ante INTERPOL derivado del derecho de petición garantizado a las personas en protección de sus derechos fundamentales, presenté formalmente ante INTERPOL el 4 de julio de 2006 un recurso solicitando a la Organización se abstuviera de darle curso a la anunciada petición del Gobierno de Venezuela, pues la mis-

---

84 La más contundente crítica a la injusta sentencia se puede leer en el Voto Negativo conjunto a la misma que formularon los jueces Eduardo Ferrer Mac Gregor y Manuel Ventura Robles. Véase el texto en Allan R. Brewer-Carías, *El caso Allan R. Brewer-Carías vs. Venezuela ante la Corte Interamericana de Derechos Humanos. Estudio del caso y análisis crítico de la errada sentencia de la Corte Interamericana de Derechos Humanos N° 277 de 26 de mayo de 2014*, Colección Opiniones Y Alegatos Jurídicos, N° 14, Editorial Jurídica Venezolana, Caracas 2014. Sobre la lamentable situación política que rodeó la decisión de la Corte Interamericana, las presiones indebidas, y el caso de Venezuela, véase lo expuesto en Allan R. Brewer-Carías, *Estado Totalitario y desprecio a la Ley, La desconstitucionalización, desjuridificación, desjudicialización y desdemocratización de Venezuela*, Fundación de Derecho Público, Editorial Jurídica Venezolana, 2014, pp. 516 ss.

85 El propio Fiscal General de la República declaró a la prensa el 30 de junio de 2006 que "solo se espera que la INTERPOL localice al abogado para tramitar la extradición," anunciando por tanto que se utilizaría a la INTERPOL para que se produjera una orden de arresto internacional, lo que evidentemente no era posible conforme a los Estatutos de la Organización.

ma violaba el Estatuto de la Organización, por tratarse, el caso, de hechos que se referían al delito político de rebelión.

Y efectivamente, como me lo temía, la solicitud de las autoridades venezolanas se formuló ante INTERPOL a la semana siguiente, el día 12 de julio de 2006, formulada en forma precipitada con ocasión de un viaje que yo tenía programado para atender una invitación que me había formulado el Senado de la República Dominicana para dictar una conferencia en su sede, en Santo Domingo, ese mismo día, y tratar de detenerme allí, lo cual no pasó de ser un intento infructuoso y bajo.

Lo cierto fue que la INTERPOL, al recibir el día 12 de julio de 2006 el ilegítimo requerimiento oficial de la Oficina Central Nacional policial de Caracas, para mi detención preventiva, violando abiertamente el Estatuto de la Organización, ya tenía en sus manos mi petición y además los documentos del intento de presión sobre la policía dominicana para detenerme, que tuve ocasión de leer en Santo Domingo.

Por lo demás, el requerimiento de las autoridades venezolanas, además de violar el Estatuto de INTERPOL, estaba también viciado de forma, pues en la solicitud del mensaje de difusión, la Oficina Nacional venezolana, al hacer referencia a una supuesta conspiración con uso de violencia que motivaba el requerimiento, además de no mencionar hecho alguno de violencia que no había habido, ni en qué habría consistido la supuesta conspiración, no mencionó hecho alguno constitutivo de infracción penal de derecho común, que era la única que podía motivar la intervención de INTERPOL, lo que por lo demás no podía hacer, por tratarse en este caso, de un delito político de los denominados "puros."

La acusación en mi contra, aunque infundada e injusta, fue por haber supuestamente cometido el delito enmarcado en el *artículo 143.2 del Código Penal Venezolano que castiga "con presidio de doce a veinticuatro años" a "los que, sin el objeto de cambiar la forma política republicana que se ha dado a la Nación, conspiren o se alcen para cambiar violentamente la Constitución Nacional". Se trata de uno de los más "puros" de los delitos políticos por naturaleza, denominado "rebelión", y cuya tipificación, como "delito colectivo," exige una pluralidad de personas y concierto de voluntades para sustituir una Constitución por otra, en forma "violenta", es decir, con actitud hostil, empleando la fuerza de las armas.*

Aparte de que nada de eso ocurrió en Venezuela en abril de 2002, y muchos menos estuve ni participé en conspiración alguna, siendo la pluma y el verbo la única arma que he tenido en mí vida, lo cierto es que tratándose de un delito político puro, las autoridades policiales venezolanas tenían prohibición de solicitar la intervención de INTERPOL para perseguirme, pues la Organización, conforme a lo establecido en el artículo 3 de su Estatuto, tiene prohibición de intervenir en asuntos raciales, militares, religiosos y políticos.

2. El inicio del procedimiento administrativo global: La petición individual formulada ante INTERPOL frente a la persecución política

En todo caso, para enfrentar internacionalmente la pretensión del Estado venezolano, en vista de la garantía prevista en la normativa de INTERPOL, al regular el derecho de petición de las personas naturales lo que les permite iniciar un procedimiento administrativo y poder oponerse a las pretensiones de los Estados miembros de utilizar a la Organización para persecuciones políticas, como antes indiqué, el día 4 de julio de 2006, al leer en la prensa las declaraciones amenazadoras de los funcionarios gubernamentales, acudí ante la Organización, antes incluso de que el día 12 de julio de 2006 el Estado venezolano le solicitara ilegítimamente que me persiguiera.

Mi recurso formal y preventivo del 4 de julio, formulado ante Secretaría General de la INTERPOL en Lyon, consistió en la solicitud de que la INTERPOL "se abstuviera de cooperar con cualquier requerimiento del Gobierno de Venezuela" en relación con mi situación, dado que era perseguido políticamente por dicho Gobierno, petición que fundamenté en el artículo 3 del Estatuto de INTERPOL, y en que el delito por el cual se me perseguía era "un delito político por naturaleza, como es el caso del delito de rebelión," naturaleza que, además, había sido públicamente reconocida por funcionarios del Gobierno.

La INTERPOL, por tanto, ya estaba advertida por mí petición, cuando una semana después, el 12 de julio de 2006, recibió en Lyon el requerimiento oficial de la Oficina Central Nacional de INTERPOL de Caracas, solicitando ilegítimamente cooperación internacional para mi detención preventiva.

Este requerimiento, en concreto, se formuló con ocasión de que yo había sido invitado oficialmente por el Senado de la República Dominicana para dar, ese mismo día 12 de julio de 2006, una conferencia en Santo Domingo sobre el tema de la "La reforma constitucional en una sociedad democrática," en el acto de presentación del libro "Visión y análisis comparativo de reformas constitucionales en Iberoamérica," que recogía las conferencias de un evento que había sido organizado por el Senado. Para ello, el día anterior, el 11 de julio de 2006, el Embajador de Venezuela ante la República Dominicana, un ex jefe de la policía militarizada de Venezuela, quien había sido invitado a la conferencia como parte del Cuerpo diplomático, en lugar de atender la invitación, lo que hizo fue convertirse en perseguidor, a cuyo el día anterior efecto advirtió Fiscal acusadora en Caracas, sobre la invitación que se me había hecho para viajar a Santo Do-

mingo, para lo cual, ambos conspiraron, primero, para presionar a las autoridades dominicanas para que de hecho ejecutaran mi detención, utilizando irregularmente el contacto directo entre policías, a lo cual afortunadamente no se prestó la Policía de la República Dominicana; y segundo, la Fiscal al día siguiente formalizó su petición ante la INTERPOL en Lyon. En todo caso, de ese hecho, el Embajador de Venezuela convirtió su actuación policial en un evento mediático en la prensa de la República Dominicana, lo que fue criticada localmente.

Por las situaciones que bien definen el realismo mágico de nuestro Continente, lo cierto es que yo tuve en mis manos, el mismo día 12 de julio de 2006, todos los documentos de esa frustrada conspiración, en particular, los contentivos de la información que le envió el Embajador a la Fiscal en Caracas sobre mi presencia en Santo Domingo, del requerimiento que ésta dirigió al Juez en Caracas solicitando que gestionara mi detención, de la comunicación del Juez de control a la oficina de INTERPOL en Caracas gestionando lo mismo, y la comunicación de ésta a la oficina de INTERPOL en Santo Domingo, todas fechadas el mismo día 11 de julio y con el mismo fin, pero que para nada sirvieron pues no se les dio curso alguno. Al tenerlos en mis manos, los pasé por fax a la sede de la INTERPOL en Lyon, como una prueba más de la ilegal pretensión de las autoridades venezolanas de tratar de usar a la Organización para perseguir a ciudadanos por motivos políticos, pasando entonces a formar parte del expediente que se había iniciado con mi recurso que había intentado unos días ates, el 7 de julio de 2006. En todo caso. el mismo día 12 de julio de 2006, luego de dar mi conferencia, salí sin inconveniente alguno de regreso a Nueva York, mientras el Embajador hacía antesala en el despacho del Presidente de la República, en su afanoso intento de presionarlo para que ordenase mi detención. Días después, tuve incluso ocasión de hablar telefónica-

mente con el Presidente, a quien conocía de años atrás, y quien solo me expresó que lamentaba mucho los inconvenientes ocurridos.

Sobre estos hechos, el profesor de derecho administrativo y Presidente de la Asociación Dominicana de Derecho Administrativo, Olivo Rodríguez Huerta, a los pocos días, el 17 de julio de 2006, escribió lo siguiente:

"El fallido intento de la Embajada de Venezuela en República Dominicana de apresar, a través de la INTERPOL, al reputado juspublicista venezolano Dr. Allan R. Brewer Carias, en ocasión de su presencia oficial en el País invitado por el Senado de la Republica, constituye una excelente oportunidad para realizar algunas precisiones sobre el marco jurídico y operativo de la Organización de Policía Internacional, mundialmente conocida como INTERPOL; para mostrar lo antijurídico de la actuación de la señalada legación diplomática, y, finalmente, de que el regreso del Dr. Brewer-Carias al país en que actualmente reside no debe ser considerado como una cortesía o un favor del Gobierno Dominicano.

La Organización Internacional de Policía Criminal (INTERPOL) es una institución que hunde sus raíces en el Primer Congreso Internacional de Policía Criminal efectuada en Mónaco, en 1914, a la que asistieron policías, abogados y jueces de 14 países, aunque su creación oficial se produjo en Viena, Austria en el año 1923, gracias a la iniciativa del Dr. Johannes Schober, en ese entonces Presidente de la Policía de Viena. Actualmente está regida por unos Estatutos, cuya versión actual entro en vigor el 13 de junio de 1956, los que contemplan una estructura operativa de cinco niveles conformada por la Asamblea General, el Comité Ejecu-

tivo, la Secretaria General, las Oficinas Centrales Nacionales y los Asesores.

*El artículo 3 de los Estatutos de la INTERPOL dispone que "esta rigurosamente prohibida a la Organización toda actividad o intervención en cuestiones o asuntos de carácter **político**, militar, religioso o racial". Esa expresa prohibición ha sido objeto de varias resoluciones de la Asamblea General de la INTERPOL, siendo la más antigua la Resolución AGN/20/RES/11, emitida en Lisboa, Portugal en ocasión de la 20ª Reunión de su Asamblea General en la que se dispone que los Jefes de las Oficinas Centrales Nacionales deben velar "porque **no se transmitan** en ningún momento a la Oficina Internacional o a las demás Oficinas Centrales Nacionales solicitudes de información o de búsqueda, **y sobre todo, de detención preventiva que tengan por objeto infracciones de carácter predominantemente político**, racial o religioso, aun cuando en el país solicitante los hechos fueran constitutivos de una infracción de derecho común".*

*Establece asimismo esta Resolución que data del año 1951, que las Oficinas Centrales Nacionales deben velar porque las solicitudes que reciban de las autoridades policiales extranjeras no vulneren la prohibición contenida en el artículo 3 de los Estatutos de la INTERPOL; y finalmente "DECIDE, asimismo, que la entidad policial que envíe una solicitud de información o de búsqueda al Jefe de la Oficina Internacional para su difusión a las Oficinas Centrales Nacionales, o a otra Oficina Nacional extranjera, **será enteramente responsable de las consecuencias que pudieran derivarse del carácter político, racial o religioso de dicha solicitud".***

En el año 1984, la Asamblea General de la INTERPOL, esta vez reunida en Luxemburgo, adopto la Resolución

AGN/53/RES/7, contentiva de procedimientos y reglas a seguir en los casos de inmunidad previstos en el artículo 3 de los Estatutos, así como analiza algunas posturas adoptadas con relación a casos concretos señalando que "algunos actos, que figuran como infracciones en los códigos penales nacionales son por su esencia delitos de carácter político, militar, religioso o racial, por ejemplo: pertenencia a un movimiento disuelto, delitos de opinión, delitos de prensa, injurias contra las autoridades, delitos contra la seguridad interior o exterior del Estado, deserción, traición, espionaje, las diligencias por infracción constituida por la práctica de una religión, proselitismo o propaganda para alguna religión o pertenencia a un grupo racial. Este tipo de actos entra en el campo de aplicación del Artículo 3".

Estas resoluciones interpretativas, adoptadas por la Asamblea General de la INTERPOL, han sido acompañadas de tres documentos de la misma Organización titulados **"Historial del Artículo 3"** *(GT-ART 3-2004.07;* **"Marco de Interpretación del Artículo 3"** *(GT-ART3-2004.10); y* **"Procedimientos dispuestos por la Organización para vigilar la aplicación del Artículo 3"** *(GT-ART3-2004.11), lo que pone de manifiesto la especial importancia que la Organización Internacional de Policía le confiere a este aspecto. El segundo de los documentos señalados hace una distinción en la que resalta que en "las infracciones que, por su esencia misma, revisten un carácter político, militar, religioso o racial", se les* **"aplica automáticamente** *la prohibición prevista en el artículo 3".*

De lo expuesto precedentemente resulta claro que una infracción de tipo política, como la que infundadamente le imputa el gobierno de Chávez al Dr. Brewer-Carias, la de conspirar para cambiar violentamente la Constitución de la

República Bolivariana de Venezuela, no puede servir de base para que una Oficina Central Nacional le de curso a una solicitud de detención preventiva a nivel internacional, ni tampoco permite a las Oficinas Nacionales que la reciban a proceder a su ejecución, por ser una imputación de naturaleza esencialmente política, siendo en ese caso obligatoria, de inexcusable aplicación para los miembros de la INTERPOL, la prohibición prevista en el Artículo 3 de sus Estatutos.

*El regreso, pues, a Estados Unidos de América, sin ser en lo absoluto molestado, del Dr. Allan R. Brewer-Carias, por el Aeropuerto Internacional de las Américas, en la tarde del miércoles 13 del corriente mes, **luego de haber participado en el acto que motivo su invitación**, no fue una concesión o un favor del Gobierno de la República Dominicana a tan ilustre visitante. La Oficina Nacional de INTERPOL, ni ninguna otra autoridad dominicana podía, sin transgredir el derecho fundamental a la libertad del Dr. Brewer-Carias, darle curso al ilegal pedido de la Oficina Central de la INTERPOL de Venezuela, lo que habla muy bien del respeto del Gobierno Dominicano al ordenamiento jurídico nacional e internacional que le vincula.*

La presencia en el país del Dr. Brewer-Carias tampoco puede ser considerada como un acto imprudente o provocador de su parte, pues me consta que advirtió de su actual situación a quienes lo invitaron, y solo ante su insistencia accedió a venir al país, consiente este prominente hombre público latinoamericano de la forma avasallante y humillante con que, quien hoy concentra todo los poderes del Estado en la hermana República de Venezuela, hace uso de la mayor riqueza natural de todos los venezolanos, el petróleo, para pretender dominar las naciones necesitadas de nuestro Continente, entre ellas, la Republica Dominicana. "[86]

En todo caso, al haberse recibido el día 4 de julio de 2006 en INTERPOL, mi petición rechazando las pretensiones del Gobierno de Venezuela, y además, al haber yo mismo hecho del conocimiento de INTERPOL el 13 de julio, mediante escrito remitido vía Fax, sobre la pretensión del gobierno de Venezuela de presionar a las autoridades de la República Dominicana para detenerme ilegítimamente, puede decirse que el procedimiento administrativo global ya se había iniciado ante la INTERPOL con vista a asegurar la aplicación correcta del Estatuto de la Organización y proteger el derecho que me asistía de no ser perseguido internacionalmente por delitos políticos, que además no había cometido.

Por ello, con fecha 14 de julio de 2006, peticioné formalmente de nuevo ante la Secretaría, denunciando la persecución desplegada por el Embajador de Venezuela ante República Dominicana, advirtiéndole a la Organización la urgencia que existía en el trámite de mi petición, dado el nivel de agresión del Gobierno de Venezuela contra mi persona, ya que no había cometido crimen alguno y fui acusado sin base legal, sólo por haber dado una opinión jurídica como abogado respecto de un documento que ya estaba escrito y sobre cuyo contenido, además, había dado una opinión disidente.

---

86 Véase Olivo A. Rodríguez Huertas, "INTERPOL e imputaciones políticas", publicado en un diario de la República Dominicana, y en la Revista digital Analítica de Caracas (http://www.analitica.com/).

3. El resumen del iter del procedimiento global según el contenido de la comunicación de INTERPOL a la autoridad judicial venezolana de 27 de julio de 2007.

El procedimiento administrativo global para el registro y difusión de información en la base de datos de INTERPOL, tal como se analiza en este libro, en mi caso, se desarrolló ante la Organización, mezclándose, sin duda, las previsiones establecidas en los Reglamentos para los procedimientos de vigilancia ordinaria y de vigilancia excepcional, dado que, por una parte, INTERPOL había recibido mi petición individual el 4 de julio de 2006 mediante la cual solicité que no se diera curso al requerimiento de difusión hecho por la Oficina Central Nacional de Venezuela; y por la otra, los funcionarios gubernamentales de Venezuela, el 12 de julio de 2006, había formulado a la INTERPOL un ilegítimo requerimiento para mi detención preventiva, en un mensaje de difusión en el cual no se mencionaba ningún hecho constitutivo de infracción penal de derecho común.

El procedimiento administrativo se desarrolló durante un año en la sede de INTERPOL, y los diversos pasos que en él se dieron, se resumieron en una comunicación remitida por INTERPOL al Juez Penal de Control del caso, en Caracas, a través de la Oficina Central Nacional, de fecha 27 de julio de 2007,[87] *en la cual, se indicó lo siguiente:*

*A. Que en los casos de **dudas** que surjan con las peticiones de los gobiernos, INTERPOL debe someter el asunto a **examen jurídico y consultar la fuente** de la información. Esa tarea se supervisa por la **Comisión de Control de los Ficheros** de Interpol, que es un órgano integrado por especialistas independientes nombrados por la Asamblea General. Es esa Comisión la que*

---

87 Comunicación ref. OLA/34990-3/STA/36-E/EM/sm de la Secretaría General de INTERPOL de 27 de julio de 2007.

recibe las quejas de las personas, examina las medidas adoptadas por la Secretaría General, extrae sus propias conclusiones, y transmita recomendaciones a la Secretaría General.

B. *Que el 12 de julio de 2006, INTERPOL recibió el requerimiento de la Oficina Central Nacional de Caracas, para la detención preventiva de mí persona, alegando acusación del delito de conspiración para cambiar violentamente la Constitución. Aunque en el mensaje de difusión se hizo referencia a una conspiración con uso de violencia, **no se mencionó ningún hecho constitutivo de infracción penal de derecho común**.*

C. *Que la INTERPOL solo trata y le da curso a información si está **conforme con su Estatuto**; por lo que en la comunicación hizo referencia al artículo 3 del mismo, y a la **prohibición de intervenir en las cuestiones de carácter político, militar, religioso o racial**. Hay por tanto prohibición de intervenir en casos de delitos políticos puros, que son aquellos que afectan directamente a la organización política de un Estado, y no presentan ningún elemento propio de los delitos de derecho común.*

*No obstante, indicó la INTERPOL, se podría plantear la excepción cuando el delito político **va acompañado de un delito de derecho común** o se lleva a cabo con uso de violencia o infligiendo daños a personas o bienes. En esos casos, el delito político deja de ser considerado puro y la Secretaría General aplica la **doctrina del predominio**, y toma en cuenta todos los hechos pertinentes que no tienen motivación política que pueden inclinar la balanza a favor del predominio de los elementos de derecho común del delito.*

D. *Que en el caso concreto relativo a mi persona, indicó la INTERPOL, **parecía a primera vista que el delito descrito en el mensaje de difusión entraba en la categoría de delitos políticos puros**. Esta conclusión preliminar se basó en la **fórmula utiliza-***

da para el cargo imputado y *además en que **no se facilitó información adicional** que indicara que el delito se podía haber acompañado de actos de violencia o que provocaran daños a personas o bienes.*

Por ello, la Secretaría General tenía dudas, y decidió iniciar un examen jurídico del caso. Además, en aplicación del artículo 10,1 (c) del RTI, [88] *INTERPOL inició las consultas y se dirigió a la Oficina Nacional de Caracas **solicitándole información adicional que mostrara la índole de derecho común del delito** supuestamente cometido por mi persona.*

*A pesar de los varios recordatorios enviados, INTERPOL indicó que hasta ese momento (julio 2007) no se había recibido **información alguna que satisficiera los requisitos estipulados en el RTI**. En varias ocasiones, indicó INTERPOL en el escrito, que se le había informado que la Oficina Central Nacional de Caracas había enviado la solicitud de información a las autoridades judiciales y que estaban a la espera de recibir respuesta. Con ello, desde el punto de vista jurídico, la Secretaría había cumplido con la obligación que le imponía el artículo 10,1,c del RTI.*

Esta norma disponía lo siguiente:

> *"De conformidad con el artículo 12 (a) del presente Reglamento, **en caso de duda en cuanto al respeto de los criterios de tratamiento de la información**, la Secretaría General **deberá consultar con su fuente**, o con la Oficina Central Nacional interesada si la fuente de la información es un servicio nacional autorizado. Tomará además las medidas oportunas para asegurar el cumplimiento de estos criterios.*

---

88 Las referencias fueron al viejo "Reglamento sobre el Tratamiento de Información para la Cooperación Policial Internacional" que fue sustituido por el *Reglamento sobre Tratamiento de Datos* (**RTD**) cuya última reforma es de 30 de junio de 2012.

La información se podrá entonces registrar con miras a conseguir datos adicionales que permitan conservarla en el sistema de información policial."

E. *Que en aplicación del artículo 10,1d del RTI la Secretaría General consideró que en tanto se daba respuesta a su consulta,* ***era necesario adoptar medidas cautelares*** *respecto a determinados elementos de información registrados en sus bases de datos,* ***y decidió insertar una advertencia en la información relativa a mi persona, visible para todos los Miembros que la consultasen, que indicara que ésta estaba siendo objeto de un examen jurídico.*** *Era lo único que INTERPOL podía hacer, pues no podía dar curso a la ilegal pretensión de las autoridades venezolanas de que se me detuviera internacionalmente. Por ello, en mi caso, jamás hubo por parte de INTERPOL difusión de notificación o alerta en mi persona.*

Dicha norma del Reglamento disponía:

> *"La Secretaría General tomará las medidas de protección oportunas para prevenir cualquier* ***daño directo o indirecto que la información pudiera causar*** *a los países miembros, a la Organización o a su personal,* ***con el debido respeto a los derechos fundamentales de las personas a quienes se refiera dicha información, de conformidad con lo dispuesto en el artículo 2 del Estatuto de la Organización y con la Declaración Universal de Derechos Humanos."***

F. *En la comunicación de INTERPOL al Juez de Control venezolano, además, se le informó que por mi parte, entretanto, yo había presentado ante la Comisión de Control* ***una queja a título individual argumentando que la información que me concernía no era conforme con el artículo 3 del Estatuto de INTERPOL***, *y* *que había presentado varios documentos en apoyo de mis alegaciones.*

G. *La INTERPOL informó también al Juez venezolano, que en su 67ª Reunión de 31 de mayo al 1 de junio de 2007, la Comisión de Control había examinado el caso, y al no haber recibido las aclaraciones que habían solicitado, había* **recomendado que la información difundida por la Oficina Central Nacional de Caracas relativa a mi persona fuera retirada de las bases de datos de INTERPOL.**

Con arreglo al artículo 15,2 (a) y (b), del RTI, cuando la solicitud se presenta por la persona interesada, la Secretaría tras consultar la fuente de la información, **está obligada a modificar, bloquear o destruir** *la información por su propia iniciativa si dispone de datos pertinentes y concretos para estimar que no se cumplen con los requisitos normativos estipulados. En consecuencia, a la luz de esta norma, la Secretaría General* **tenía la obligación jurídica** *de adoptar las medidas pertinentes.*

Dichas normas disponían:

15.2:   Por iniciativa de una entidad distinta de la fuente de la información

a. Cuando quien solicite la modificación, el bloqueo o la supresión de la información sea una entidad distinta de su fuente, la Secretaría General **comprobará en primer lugar que la información reúne las condiciones para su tratamiento;** *a continuación consultará a la fuente de la información y a las Oficinas Centrales Nacionales a las que pudiera afectar la operación y tomará todas las medidas oportunas para determinar la posibilidad y la necesidad de proceder a la operación solicitada.*

b. Después de consultar a la fuente de la información, o a la Oficina Central Nacional interesada de conformidad con *los artículos 10.1 (c) y 12 (a) del presente reglamento, **la Secretaría General modificará, bloqueará o destruirá una información por su propia iniciativa si dispone de datos pertinentes y concretos que permitan considerar que en caso de conservarse la información o mantenerse los derechos de acceso a la misma se podría dejar de respetar alguno de los criterios para el tratamiento de la información dispuestos en el presente reglamento o en los textos a los que éste hace referencia, o que pudiera redundar en perjuicio de** la cooperación policial internacional, la Organización, su personal o de **los derechos fundamentales de la persona a quien se refiera dicha información, con arreglo al artículo 2 del Estatuto de la Organización**.*

H. *Que tras un examen pormenorizado del caso, la Secretaría General informó al Juez de Control venezolano, que consideraba que los hechos, tal como se presentaba en esos momentos en la solicitud de la Oficina Central Nacional de Venezuela, **no permitían concluir que hubiera conformidad con el Estatuto y la normativa de INTERPOL,** y por ello, en aplicación del artículo 15,2 (a) y (b) del RTI, indicó que la Secretaría General estaba obligada a bloquear el acceso a la información relativa a mi persona.*

I. *Además, la Secretaría General de la Organización, con base en la solicitud presentada por la Oficina Central Nacional de Caracas para que se prorrogase la fase de consulta en relación con el caso, indicó que en cambio su deseo era poder **informar a la Comisión de Control de los Ficheros de INTERPOL en su 68ª Reunión** del 17 al 19 de octubre de 2007, acerca del dictamen de las autoridades judiciales competentes. Por ello, la Secretaría General le solicitó al Tribunal 25 de Control que le facilitase información **que demostrase el carácter de delito de***

derecho común del caso, *en el sentido en que tal concepto se entiende en el Estatuto y la normativa de INTERPOL.*

J. *La Secretaría General finalmente informó que concluiría* **el examen del caso en el plazo de un mes,** *y que* **de no recibir la información solicitada, conforme al artículo 15,2 (b) del RTI estaba obligada a destruir toda la información relativa a mi persona** *que se encontraba registrada en sus bases de datos,* **tal como lo había recomendado la Comisión** *de Control de Ficheros en su 67ª Reunión, y conforme efectivamente al final lo hizo.*

4. La decisión del Juez de Control respondiendo el requerimiento de INTERPOL

El Juez de Control venezolano, *a pesar de requerimiento de INTERPOL de que explicara cómo el delito político de rebelión, no era tal delito político sino un delito de derecho común para poder motivar el requerimiento hecho ante la INTERPOL en mi contra, no lo respondió y en cambio lo que hizo fue dictar el 17 de septiembre de 2007 una "decisión-aclaratoria", en la cual, no le facilitó a la Secretaria General, conforme se le requirió, la información que demostrare el carácter de delito de derecho común del caso, en el sentido en que tal concepto se entiende en el Estatuto y la normativa de INTERPOL.*

En cambio, lo que hizo el Juez de control en su "Sentencia-Aclaratoria" fue **reafirmar** *que* **la acusación** *formulada contra mi persona había sido precisamente "por el* **delito de Rebelión, en las modalidades previstas en el artículo 143, numeral 2 del Código Penal**", *indicando además, que yo debí ser "enjuiciado como autor o partícipe* **exclusivamente en la comisión del delito de Rebelión Civil**", *el cual universal y nacionalmente constituye un* **delito político típico y puro.**

*En esta forma el Juez venezolano, en su "Sentencia–Aclaratoria", **no facilitó en forma alguna a la Secretaría General "la información que demuestre el carácter de delito de derecho común del caso," sino que más bien, confirmó que se trataba de un delito político,** y en cambio, en franco abuso y demostración de la persecución política desatada en mi contra **por un delito político puro como es el delito de rebelión,** solamente indicó, sin motivación ni fundamentación algunos y en forma contradictoria, que "los hechos imputados al ciudadano Allan Brewer Carías, **siendo un delito de Orden Público previstos y sancionados en el Código Penal Vigente, No siendo un delito Político".** Y nada más.*

*Ello, dicho sea de paso, **era un error jurídico,** pues los "delitos contra el Orden Público" en Venezuela están contenidos en el Título V, del Libro Primero del Código Penal (Arts. 272 al 297) y dentro de estos **no se halla el delito de Rebelión Civil** (Art. 143, numeral 2), **que es un delito político** el cual se encuentra ubicado en Capítulo II (De los delitos contra los Poderes Nacionales y de los Estados) del Título I (De los Delitos contra la Independencia y la Seguridad de la Nación), del Libro Primero del mismo Código Penal.*

*En todo caso, al decidir en esta forma, el Juzgado Vigésimo Quinto **no facilitó a la Secretaría General la información que ésta le había requerido ni demostró en forma alguna, pues además no podía, el supuesto "carácter de delito de derecho común" del delito de rebelión, como se le había solicitado,** sino que pura y simplemente afirmó que el delito de rebelión no era un delito político; haciendo referencia a unos supuestos "elementos de convicción transcritos", y unos supuestos "hechos reproducidos", que no estaban ni "transcritos" ni "reproducidos" en la "Sentencia-Aclaratoria" al mencionar un imaginario "atentado frustrado" o de "amenaza contra la vida del jefe de*

Estado" como supuestas circunstancias o hechos **que no se mencionan siquiera** en ninguno de los documentos que cursaron en el expediente fiscal y judicial, en ninguna de las declaraciones formuladas en el mismo, ni en parte alguna de la acusación fiscal intentada en mi contra. Es decir, en ninguna página, en ningún párrafo, en ninguna línea de todo el expediente y de la acusación en mi contra **ni siquiera se utilizaron** las palabras o menciones "atentado", "coacción", "amenaza", "vida del jefe de estado", "deponer", "atentado frustrado" que se usaron por primera vez en la "Sentencia-Aclaratoria" del Juzgado, sin fundamento alguno.

Por ello, tal "Sentencia-Aclaratoria" dictada por el Juzgado Vigésimo Quinto de Primera Instancia en respuesta del requerimiento de información formulado por la Secretaría General de INTERPOL, lo que puso en evidencia una vez más, fue la persecución política de la que yo era objeto.

Todo ello, por lo demás, en el curso del procedimiento global ante INTERPOL, lo argumenté de nuevo, ante la Comisión de Control de Ficheros, el 18 de diciembre de 2006, ratificando mi solicitud, **en virtud del artículo 15,2 (b) del RTI, de que la Secretaría General ordenase no sólo el bloqueo del acceso a la información** relativa a mi persona, sino **la destrucción de toda la información relativa a mí** que se encontraba registrada en las bases de datos de la Organización, **tal como lo había recomendado la Comisión de Control de los Ficheros de INTERPOL** en su 67ª Reunión.

5. La decisión de la Secretaría General de INTERPOL aplicando la recomendación del Comité de Control de Ficheros, y la ilegítima intercepción de la correspondencia en Caracas

Por todo ello, en virtud de que el Juez de Control venezolano con la "Sentencia-Aclaratoria" del 17 de septiembre de 2007 dic-

tada en respuesta del requerimiento de la Secretaría General de INTERPOL, **no le facilitó a la misma,** *conforme esta se lo requirió, la información que demostrara el supuesto carácter de delito de derecho común del caso, la Secretaría General, en virtud de lo dispuesto en el artículo 15,2 (b) del RTI,* **ordenó no sólo el bloqueo del acceso a la información relativa a mi persona,** *sino la* **destrucción de toda la información relativa a mí** *que se encontraba registrada en sus bases de datos,* **tal como lo había expresamente recomendado la Comisión de Control de los Ficheros de INTERPOL** *en su 67ª Reunión del 31 de mayo al 1 de junio de 2007.*

El procedimiento administrativo global puede decirse que se cumplió en este caso a cabalidad, y el resultado del mismo fue que se protegió a un ciudadano de uno de los Estados Miembros de la Organización, frente a las pretensiones ilegales e ilegítimas del mismo de pretender utilizar a la INTERPOL para perseguirlo políticamente a un ciudadano, a pesar de la prohibición que ésta tiene en su Estatuto de intervenir en asuntos de carácter político.

Como antes se indicó, de la decisión que puso fin al procedimiento administrativo global, sin embargo, no llegó nunca a mis manos ni a las de mi abogado, y solo tuve conocimiento preciso de la misma a través de las actas del expediente en el proceso penal en Caracas. Es decir, la respuesta escrita de 1º de agosto de 2007 que la INTERPOL me dirigió y que era la oportuna respuesta que tenía derecho a recibir, nunca me llegó, porque habiendo sido dirigida por correo al despacho de mi abogado en Caracas, la carta sin duda fue interceptada por la policía local. Igual sucedió con la comunicación que me envió INTERPOL el 2 de marzo de 2009, en respuesta a mi insistencia en tener la respuesta escrita a mi petición, la cual tampoco llegó a manos del destinatario, habiendo sido también, seguramente interceptada.

En todo caso, basado en la información sobre la decisión del recurso que se reflejaba en los escritos que había enviado IN-TERPOL ante el Juez de la causa en Caracas, y en la información que yo mismo había recabado de varios amigos en varios países, quienes tuvieron acceso a la información necesaria, tuve la certeza de la orden dada por INTERPOL de que se destruyera y eliminara de los registros de información de cooperación internacional y policial toda referencia a mi persona, por lo que nunca tuve inconveniente alguno en mis viajes, hasta cuando en agosto de 2009 llegué al aeropuerto de Mendoza, Argentina, para asistir al **VI Encuentro de Derecho Procesal Constitucional**, *que se desarrolló en San Juan de la Frontera, el 12 junio 2009.*

Allí, el funcionario de inmigración, muy amablemente me advirtió sobre el hecho de que en su pantalla del servicio, que incluso me mostró, todavía aparecía la nota de información que la Organización había mandado a eliminar, donde aún se daba cuenta de la pretensión de Venezuela en mi contra, y que estaba en revisión jurídica.

Cuando le expliqué la situación, simplemente permitió mi entrada al país, recomendándome, sin embargo, sobre la conveniencia de que siempre llevara conmigo, en mis viajes, la respuesta escrita de INTERPOL para poder comprobar lo decidido, pues no siempre las autoridades de policía de los Estados miembros cumplían las órdenes de INTERPOL y borraban toda la información que se les ordenad destruir.

Ese hecho me motivó a que tan pronto regresé a Nueva York en el mismo mes de junio de 2009, enviara un nuevo y formal reclamo ante INTERPOL solicitándole explicación sobre la sobrevivencia de la información sobre mi persona en el terminal de inmigración del Aeropuerto de Mendoza, y quejándome de nuevo por no haber recibido la respuesta formal oportuna a mi petición inicial. En esta oportunidad, tampoco me llegó respuesta a mi solicitud, la cual de nuevo seguramente fue interceptada por la policía en Caracas.

Posteriormente, en enero de 2010, de nuevo me dirigí a la Comisión de Control de Ficheros de INTERPOL reclamando no haber recibido las respuestas a todas las peticiones y requerimientos que había formulado durante tres años conforme a las pautas que regulaban el procedimiento administrativo global, pero esta vez incluyendo en mi comunicación mi dirección de email.

Mi sorpresa fue mayúscula, al recibir a los pocos días una respuesta inmediata de la Comisión de Control de Ficheros de la INTERPOL, en la que se me informaba que la Organización, efectivamente si había efectiva y oportunamente enviado las respuestas a todos mis requerimientos, desde 2007 cuando el procedimiento administrativo global que yo había iniciado un año antes había terminado. Me informaron que no me podían pasar copia por email de toda la correspondencia que me habían enviado sucesivamente, por lo cual suministré entonces mi dirección postal en Nueva York

La consecuencia fue entonces que rápidamente, el 10 de febrero de 2010, recibí en Nueva York, por correo de la Secretaría de la Comisión de Control de Ficheros, una comunicación explicándome la situación, y enviándome copias de todas las cartas que infructuosamente me habían enviado a Caracas en 2007, 2009 y 2010.

Así fue, entonces, como me pude enterar formalmente de dichas respuestas, que sin duda habían sido oportunas, tanto a mi recurso inicial como a mis reclamos, quedando confirmado que el procedimiento global ante INTERPOL, y las garantías establecidas en el Estatuto y Reglamentos de la Organización, funcionan adecuadamente.

New York, marzo de 2015

www.ingramcontent.com/pod-product-compliance
Lightning Source LLC
Chambersburg PA
CBHW020704270326
41928CB00005B/258